T0287110

PAN paso a paso

Papel certificado por el Forest Stewardship Council®

MIXTO
Papel procedente de fuentes responsables
FSC® C117695

Penguin Random House Grupo Editorial

Primera edición: marzo de 2023

© 2023, Ibán Yarza, por el texto y las fotografías
© 2023, Penguin Random House Grupo Editorial, S.A.U.
Travessera de Gràcia, 47-49. 08021 Barcelona

Penguin Random House Grupo Editorial apoya la protección del *copyright*.
El *copyright* estimula la creatividad, defiende la diversidad en el ámbito de las ideas y el conocimiento, promueve la libre expresión y favorece una cultura viva. Gracias por comprar una edición autorizada de este libro y por respetar las leyes del *copyright* al no reproducir, escanear ni distribuir ninguna parte de esta obra por ningún medio sin permiso. Al hacerlo está respaldando a los autores y permitiendo que PRHGE continúe publicando libros para todos los lectores.
Diríjase a CEDRO (Centro Español de Derechos Reprográficos, http://www.cedro.org) si necesita fotocopiar o escanear algún fragmento de esta obra.

Printed in Spain — Impreso en España

ISBN: 978-84-18007-97-2
Depósito legal: B-761-2023

Diseño de cubierta e interior: Penguin Random House Grupo Editorial / David Ayuso
Maquetación: Roser Colomer

Impreso en Gómez Aparicio, S. L.
Casarrubuelos (Madrid)

DO07972

IBÁN YARZA

PAN paso a paso

Un curso de pan para aprender de forma fácil todas las técnicas, recetas y trucos

Grijalbo

SUMARIO

Prólogo

El clave bien temperado, de Johann Sebastian Bach, está considerada como una de las grandes obras de la historia de la música. Su primer volumen (del año 1722) se compone de 24 preludios y fugas, y tuvo una segunda parte 20 años más tarde. Muchas de sus melodías son muy conocidas ya que han sido empleadas en publicidad, películas o incluso como melodías para teléfono móvil. Se trata de pequeñas piezas, muy variadas en su naturaleza, desde composiciones aparentemente ligeras, hasta complejos juegos de arquitectura musical. No obstante, su magia reside en que Bach la compuso utilizando de forma sistemática cada una de las 24 tonalidades, de do mayor a do menor, para cada una de las 24 piezas. No hay dos piezas en la misma tonalidad, sino que cada una es un ejemplo de expresión único. La intención de Bach era que fuese «de provecho para los jóvenes músicos deseosos de aprender y para el entretenimiento de aquellos que ya conocen este arte», como reza el título. Escuchándolo sin prestar mucha atención, podrías pensar que no es más que una colección de melodías, cuando lo que en realidad late en el corazón de esta obra es un complejo juego de engranajes que nos mira desde su pedestal de tres siglos. Lo prodigioso de esta composición inmortal es que, a pesar de ese enfoque sistemático y eminentemente pedagógico que animó a Bach, muchas de las piezas son capaces de crear profundas emociones.

De vuelta al presente, y cuando ya te has remangado para meter las manos en la masa, puedes pensar que qué tendrá que ver Bach con tu deseo de hacer pan. La respuesta es que este libro, desde la humildad y la admiración, intenta seguir un concepto similar. *Pan paso a paso* no es una colección de recetas, sino que es una exposición en forma de curso que pretende abrir al panadero novel el abanico de técnicas que tiene a su disposición a la hora de hacer pan. Como si fueran las tonalidades de la música, son las distintas partes del proceso panadero las que van expresándose en cada capítulo, ofreciendo todos los diferentes enfoques que hay de afrontar las distintas fases del proceso: el amasado, la fermentación, el formado, el corte, la cocción, etc. Por ejemplo: ¿Qué maneras hay de amasar? De hecho, ¿cuánto tienes que amasar? Es más, ¿puedes hacer pan sin amasar? ¿Cuántas maneras hay de cocer una masa de pan? Como si fueran las distintas claves, puedes «interpretar» el pan en un horno, pero también sobre una chapa, al vapor, al baño maría, hervido, frito, cocido en la base del horno o en una olla. De este modo, las recetas son en realidad exposiciones de conceptos y técnicas que a menudo agrupan en una sola página varios puntos esenciales.

Tras un capítulo de introducción en el que se presentan los conceptos esenciales para que tengas una buena base (siempre en términos asequibles y sin tecnicismos innecesarios), se presentan las 50 recetas que articulan *Pan paso a paso*. Los capítulos no siguen un orden canónico de acuerdo a los ingredientes de las recetas (panes blancos, panes integrales, de centeno, bollería, etc.), ni de acuerdo a su origen (panes españoles, franceses, italianos, etc.), sino que se analizan los distintos pasos del proceso panadero, donde son los propios panes los que te explican el pan, las maneras de hacer pan.

¿Cómo usar este libro?

Debido a su estructura, *Pan paso a paso* se presta a varias lecturas. Por un lado, lo puedes enfocar como un curso de pan en el que, empezando desde lo más básico (un pan sin amasado ni formado), vas creciendo, aprendiendo los distintos gestos y técnicas que tienes que comprender y practicar para llegar a dominar el arte del pan casero. En cada receta encontrarás una pequeña reflexión final que intenta destacar lo aprendido y proponer variaciones. Por otro lado, si tienes ya algo de experiencia, puedes consultar los distintos capítulos haciendo una lectura más dirigida, prestando atención a aspectos que quieras comprender mejor o donde quieras profundizar. Sin lugar a dudas, si lees una misma receta en dos momentos distintos de tu vida panadera, te contará distintas cosas y en cada caso te fijarás en diferentes matices.

Finalmente, existe una última lectura, llamémosla «meramente intelectual», que te puede interesar si no tienes intención, tiempo o ganas de mancharte las manos. Volviendo a la obra del genio de Eisenach, se ha especulado con que otro de sus monumentos musicales, *El arte de la fuga*, no se hizo en realidad para ser tocado, sino como ejercicio intelectual para ser leído. *Pan paso a paso* está pensado como un curso práctico que, a través de recetas, intenta que aprendas las técnicas y métodos, pero también lo puedes leer de una forma exclusivamente teórica, analizando los diferentes capítulos y las técnicas que las recetas te presentan.

Sea cual sea la manera en que escojas usar *Pan paso a paso*, espero que estas páginas te sirvan de inspiración y te guíen en tus primeros pasos en el mundo del pan. Una vez que comienzas, la melodía es infinita.

Ibán Yarza

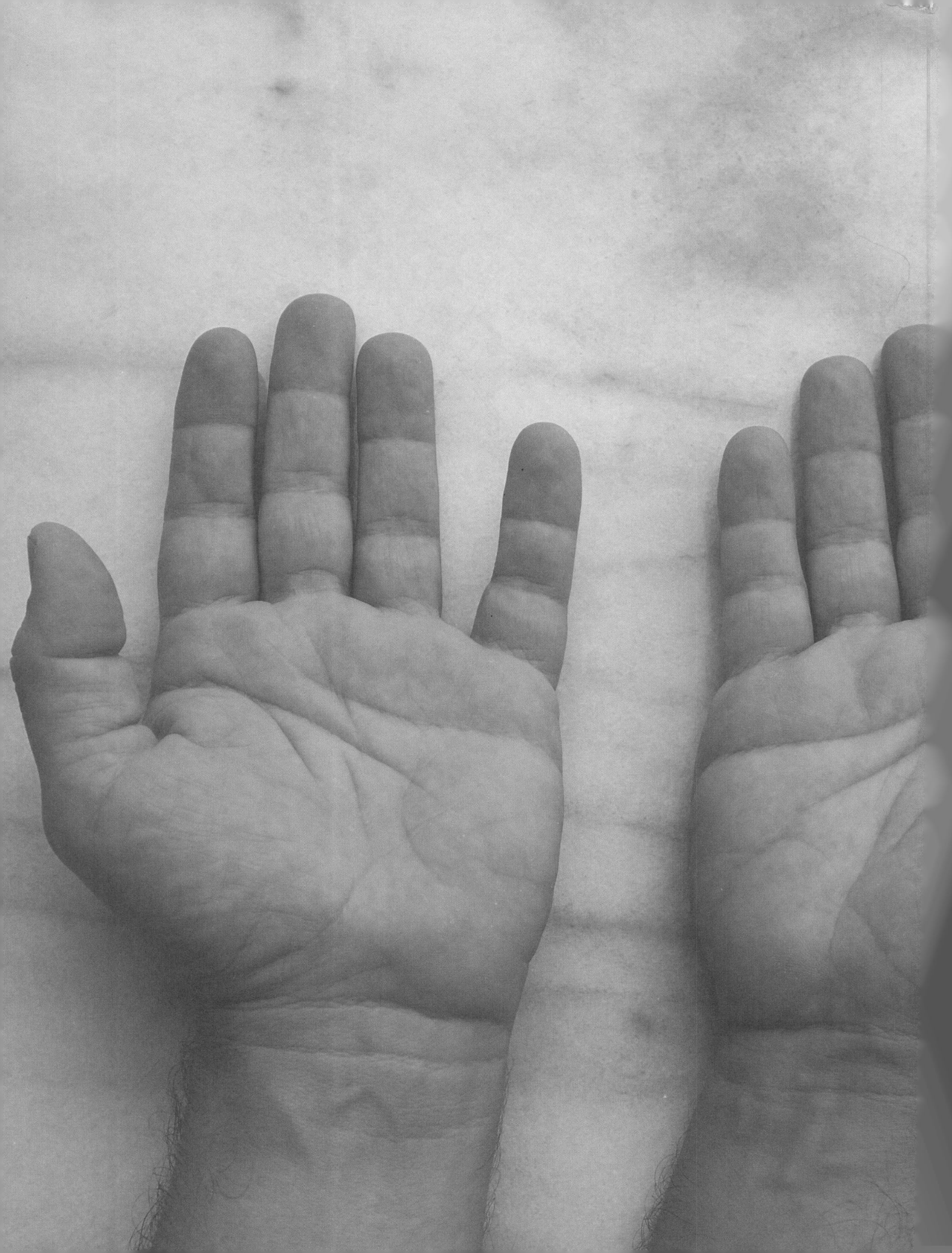

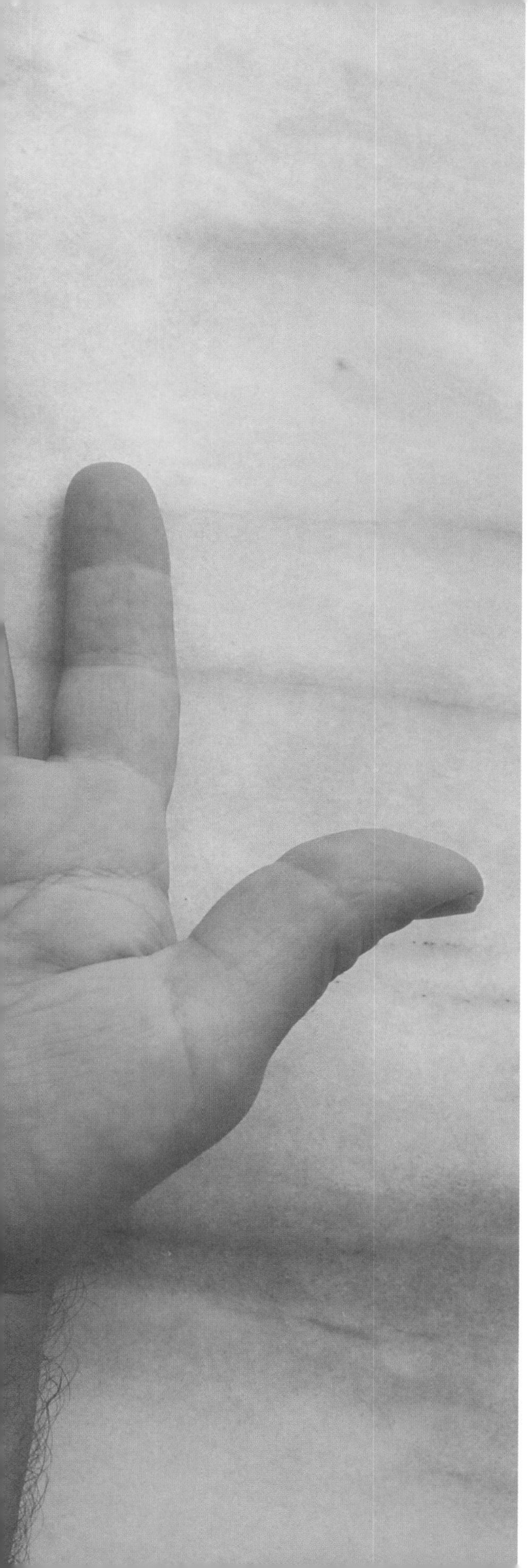

INTRODUCCIÓN

Qué necesitas para hacer pan en casa

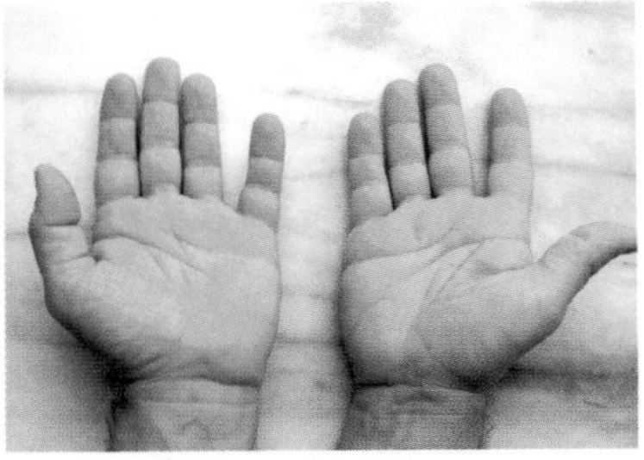

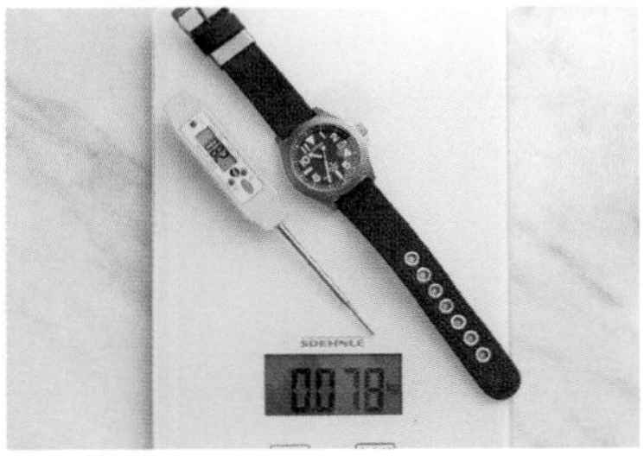

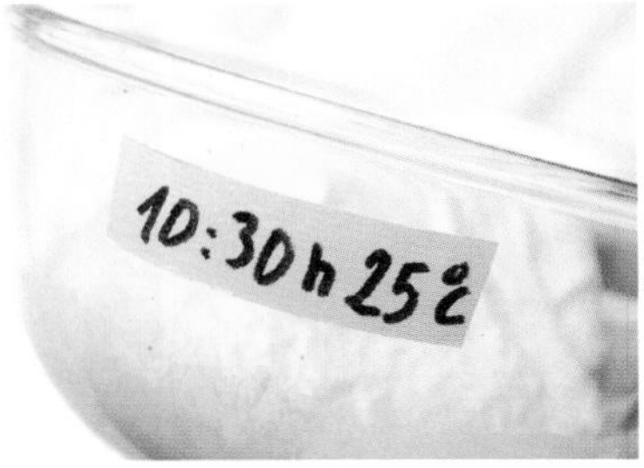

Lo primero que necesitas son cosas que no puedo fotografiar para enseñarte la marca y el modelo: las ganas, un poco de paciencia y la voluntad para observar. Si quieres que tu aprendizaje sea más efectivo, una libreta y un lápiz te ayudarán muchísimo a anotar tus progresos, observaciones y dudas.

Tus manos

La herramienta más perfecta y versátil, te sirve para mezclar, amasar, formar, enhornar. A veces nos agobiamos pensando que habrá que comprar muchas cosas, cuando en realidad lo más importante lo tenemos delante.

Rasqueta

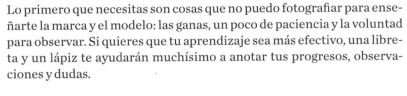

No me gusta comprar utensilios que responden solo para una función específica, por eso en este libro verás que la mayoría de los panes se resuelven con cosas normales de casa: trapos, boles, libros, etc. Una rasqueta elástica pero firme es posiblemente el único útil con finalidad específica que considero importante: facilita muchísimo la manipulación de la masa.

Herramientas para medir

Seguro que conoces gente que borda recetas: el arroz con leche de tu abuela, la paella de tu tío, etc. Son elaboraciones perfectas que ellos ejecutan de una manera despreocupada, sin pesar ni medir nada. Aparte de la mano que cada uno pueda tener, esos platos tienen un único secreto: los han repetido muchas veces durante años, afinando su elaboración.

Cuando te enfrentas por primera vez a algo, tienes todo el camino por recorrer y tendrás que equivocarte muchas veces (igual que han hecho todas las personas que dominan una actividad). Sin embargo, si mides y controlas las variables del proceso (tiempo, peso y temperatura), tu curva de aprendizaje será muchísimo más rápida.

Los tres objetos que recomiendo son bastante habituales y asequibles. Un reloj, una balanza o peso (mejor si es digital) y un termómetro. Este último es posiblemente el instrumento más útil para hacer pan, y del que dependerá en gran medida tu éxito. Si controlas la temperatura, controlas la masa. Anota siempre las condiciones de la masa.

El móvil es un gran aliado. Acostúmbrate a tomar fotos de cada paso del proceso; las fotos tienen fecha y hora, así podrás ver cuánto tardó un pan en fermentar o qué diferencias hay entre los panes fermentados en invierno y verano.

Contenedores con tapa y que sean fáciles de limpiar

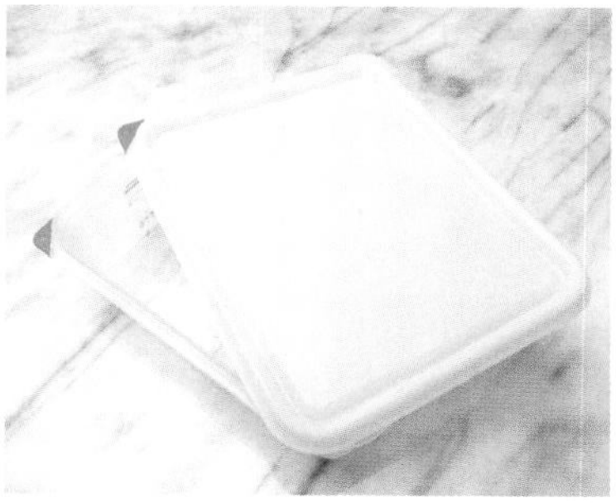

Para que la masa fermente, puedes usar lo que tengas por casa: una ensaladera de cristal como la que sale en las fotos del libro, una fuente de canelones, etc. Intenta que sea de un material fácil de limpiar y rascar. Un pequeño detalle que es utilísimo: usa boles que tengan tapa (o búscales unas que cierren bien, o utiliza un gorro de ducha como los que dan en los hoteles). Me encantan los contenedores rectangulares bajos, ya que facilitan la manipulación de la masa y el almacenamiento en la nevera sin ocupar mucho. Además, es muy fácil conseguir que una masa plana gane o pierda temperatura (que es algo que necesitarás a veces).

Cuchillito de sierra

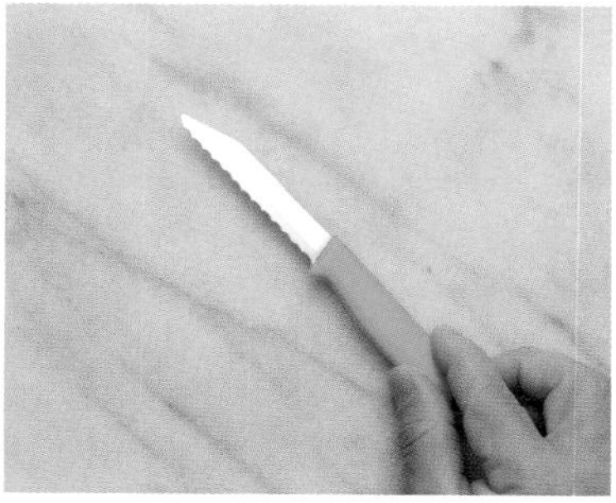

Si tienes una cuchilla de panadero, genial, puedes conseguir hojas de recambio y es maravillosa. No obstante, en casa yo uso un pequeño cuchillo de sierra que no requiere de cambio de hoja, no se oxida y dura décadas. Intenta buscar uno con una sierra afilada que desgarre bien la masa, no uses uno de filo liso.

Trapos que no peguen mucho

Los trapos sirven para dejar que la masa fermente y evitar que se pegue (en panadería profesional se usan unas telas de lino grueso). Intenta buscarlos de punto cerrado, sin muchos hilos sueltos.

Bandeja para enhornar y transportar

Parece una tontería, pero una bandeja o tabla (o incluso un cartón duro) de unos 40 × 30 cm es utilísima, ya que te facilita la colocación, transporte y enhornado de los panes. A menudo, lo que buscamos es colocar la masa sobre la bandeja del horno caliente para darle un golpe de calor, por eso es útil tener algo que sirva de pala.

Cepillo para limpiar

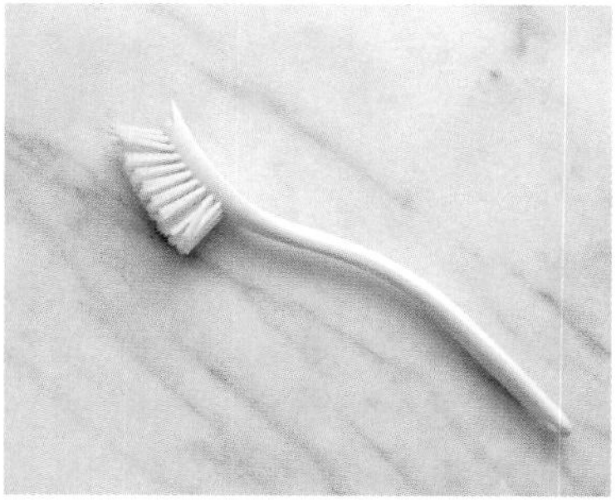

No uses un estropajo para limpiar restos de masa, es un pringue; en su lugar, utiliza un cepillo.

Bandeja metálica para crear vapor en el horno

Para crear vapor en el horno, busca una bandeja metálica lo más ancha posible; puede ser la segunda bandeja que traen algunos hornos o bien una para asados con canelones.

Cosas que no considero tan esenciales

Si sigues las redes sociales, parece como que no puedes hacer pan sin cestos de fermentación, una olla francesa de hierro colado, una cuchilla profesional, telas de lino, etc. Estas cosas están muy bien, y da mucho gusto usarlas, pero considero que, especialmente al principio, no es necesario hacer una inversión para comprarlas, ya que en casa (como explico arriba) es fácil que tengamos sustitutos muy válidos. ¡Lo importante es el pan, no el equipamiento!

Harinas

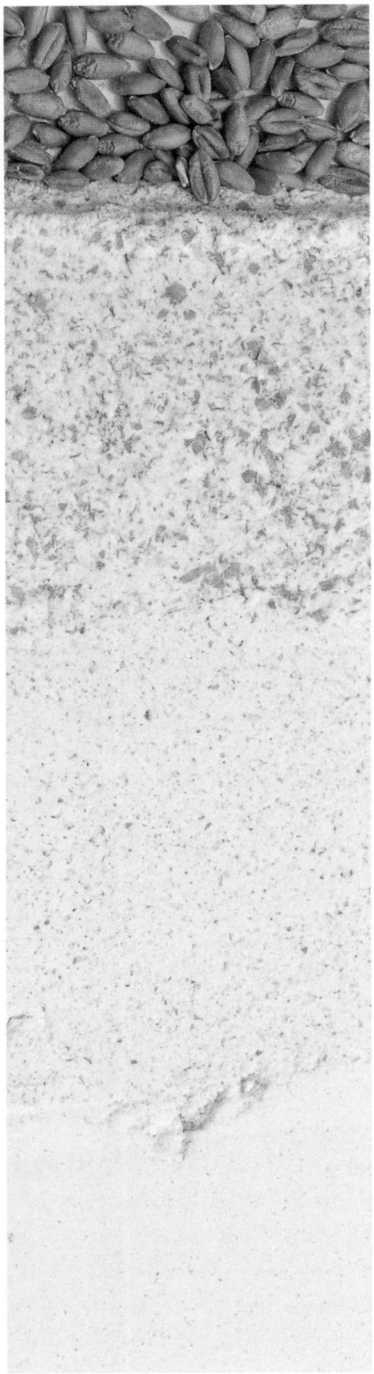

Hoy en día puedes encontrar una increíble variedad de harinas, no ya solo de trigo, centeno o maíz, sino de granos que hasta hace relativamente poco eran minoritarios. Es fantástico, como si un pintor tuviera una enorme paleta para conseguir los tonos y matices que busca. ¿Cómo interpretar o clasificar las harinas?

Sabor (extracción)

Personalmente, lo que más me interesa de las harinas es su sabor, que depende de la especie y de la variedad del grano (como pasa con manzanas o tomates), pero también de cómo haya sido procesado. La harina blanca normalmente hará una masa más ligera, pero tendrá un sabor más suave que una integral. Piensa en un grano como un huevo de gallina; está compuesto por tres partes principales: el salvado (que sería la cáscara del huevo), el endospermo, la parte blanca interna que constituye la harina blanca común (que sería la clara) y por último el germen del grano, donde está una buena parte del valor nutricional además del sabor (que sería algo así como la yema). Por así decirlo, cuando usas harina blanca es como si comieras un huevo sin yema.

El mismo grano puede dar una harina integral, semiintegral o blanca (en distintos puntos intermedios), dependiendo de cuánto la tamices. En algunos países, esta idea de extracción se expresa con unas cifras; cuanto menor es el número, más blanca es la harina. En Francia, la T45 es muy blanca; la T55, blanca; la T65, cremosa; la T80, casi semiintegral; la T110, integral ligera, y la T150, integral. Olvida las cifras, quédate con la idea y busca harinas de distinto grado de extracción; cambiará su comportamiento y su sabor.

Por otro lado, la molienda también afecta a su sabor. A menos que indique lo contrario, las harinas se muelen en cilindros metálicos que son muy eficientes haciendo harina blanca, desprovista de salvado y germen (que se pueden reincorporar al final para hacer la integral). Sin embargo, los molinos de piedra funcionan de manera distinta, ya que chafan todo el cereal, lo muelen junto. Si se quiere una harina más clara, se tamiza después. No obstante, aunque se tamice, siempre quedarán pequeñas partículas de salvado y germen, que darán color, sabor y aroma. Una harina blanca molida a la piedra no es blanca en realidad, y una integral molida a cilindro no suele tener el sabor de una integral molida a la piedra. Compara distintas harinas y saca tus conclusiones: busca el sabor.

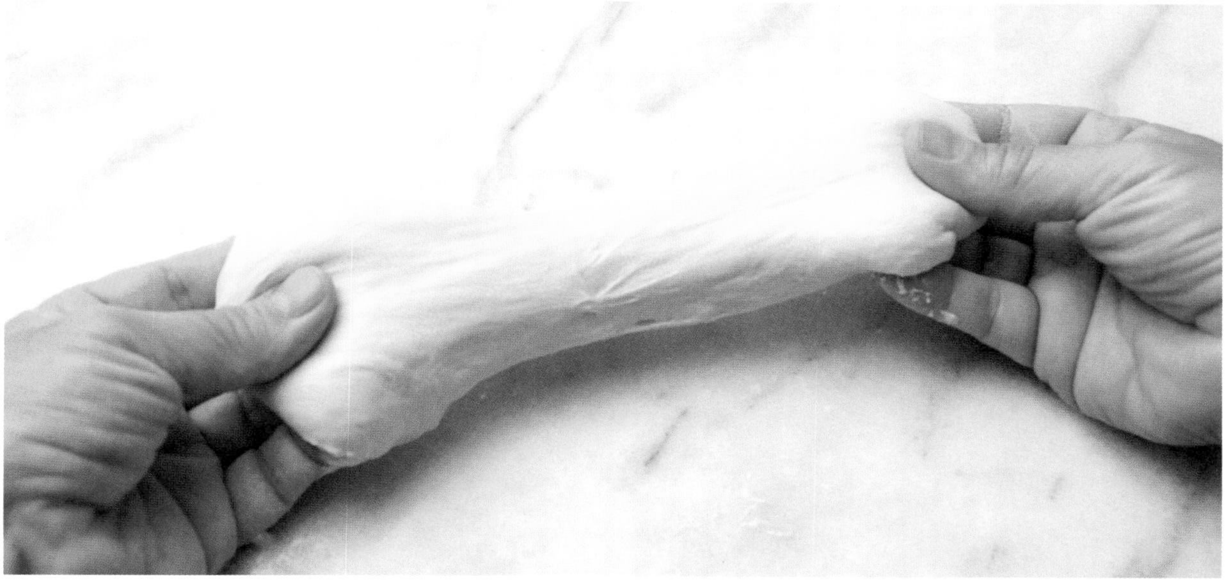

Estructura (fuerza)

La familia del trigo (que incluye cereales con nombres como espelta, xeixa o Kamut®) tiene una propiedad alucinante de crear masas estructuradas y ligeras: contiene gluten. Desde antiguo es uno de los cereales preferidos para hacer pan (el centeno contiene gluten, pero no tiene la capacidad de esponjar la masa que tiene el trigo). Se pueden conseguir panes deliciosos con cualquier grano (maíz, sarraceno, arroz, cebada, etc.), pero suelen usar otros formatos (a menudo son planos) o bien emplean estrategias para imitar la labor del gluten (espesantes como xantana, psyllium, pectina, etc.).

Para explicar, predecir y calcular la estructura y el comportamiento de una masa, se suele emplear el concepto de fuerza, que depende de varios factores, como la variedad, el clima, cómo se ha cultivado el grano o si la harina es blanca o integral.

Para descubrir cuánta fuerza tiene una harina y cómo es esa fuerza, basta con coger un trozo de masa y estirarlo. Fíjate en dos sensaciones: cuánto puedes estirar la masa sin romperla (cuán extensible es) y cuán rápido vuelve a su estado original (cuán elástica es). Extensibilidad y elasticidad son los componentes esenciales de la fuerza de una masa. En algunos panes buscamos extensibilidad, como en tortas o cocas que hay que estirar mucho y donde no nos preocupa tanto el volumen, mientras que en otros, donde queremos que la masa tenga aguante (para alcanzar mucho volumen o porque le vamos a añadir mucha grasa), queremos elasticidad, por ejemplo en bollería o en panes con una gran carga de agua.

¿Cómo se mide y expresa la fuerza?

La fuerza se expresa con un valor que proviene de una prueba de laboratorio: el valor W. Es interesante, ya que da una idea de lo que puedes esperar, pero viene a ser un poco como el dato de estatura de una persona o los metros cuadrados de una vivienda; está bien saberlos, pero no cuentan toda la historia y a veces te llevas sorpresas. Una harina floja tendrá W100 o menos, una panificable (la típica de hacer pan) tendrá entre W120 y W200, y una de fuerza tendrá W300 o más. Es interesante conocerlo, y cada vez más harinas lo indican, pero no hay que tomarlo como algo sagrado, ya que hay pequeños matices que se escapan a lo que puede expresar una cifra. Anota siempre con qué harina has hecho el pan y estudia su comportamiento. Las recetas indican el tipo de harina que necesitas en cada caso: floja (de repostería), fuerte (para bollería o masas hidratadas) o panificable (intermedia). Si no tienes de esta última, mezcla de las dos primeras a mitades.

Levadura

En lo referente a la fermentación, existen muchas maneras de hacer pan, como verás en el capítulo 3. Se puede hacer pan sin fermentar en absoluto (como se hizo durante siglos y aún se hace), o bien se puede optar por otras estrategias para levar la masa, como usar impulsores químicos (por ejemplo, bicarbonato). No obstante, lo que suele definir al pan en nuestro entorno es la fermentación. Este libro se centra en la fermentación con levadura, las diferentes maneras de hacerlo y las características y sutilezas de cada masa. Aunque en este libro-curso se usan fermentos previos, «madres», he evitado de forma voluntaria incluir la masa madre de cultivo, que dejo para un segundo volumen que trate el tema en exclusiva.

Cómo funciona

La gran diferencia entre un sobre de impulsor y la levadura de panadería es que, aunque al primero también se le llama «levadura», en realidad leva el pan sin fermentación. La levadura es un ser vivo, un hongo, que realiza funciones biológicas. Los impulsores simplemente causan una reacción química que produce gas e hincha la masa, mientras que la levadura fermenta los azúcares contenidos en la harina. Al fermentar, transforma esos azúcares en alcohol (que se evapora en el horno) y gas (dióxido de carbono), que hincha la masa. Puedes tener la tentación de usar mucha levadura para crear mucho gas más rápido, pero sería un error, ya que la fermentación lenta también produce aroma, sabor y va liberando azúcares, lo que al final consigue un pan aromático, sabroso y con una buena corteza. Las recetas de este libro están pensadas para ser hechas cómodamente en el entorno casero, por lo que a menudo hay un compromiso entre tiempo y resultado. No obstante, puedes

Levadura fresca y seca

Levaduras secas: antigua y moderna (sin desleír)

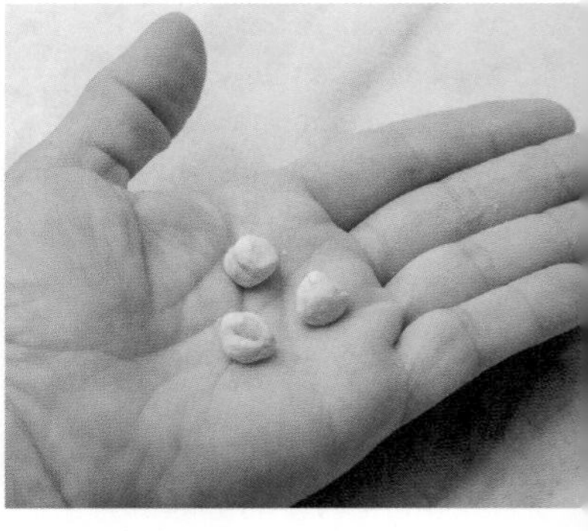

Midiendo levadura en gramos (un gramo equivale aproximadamente a un garbanzo)

5 g de levadura fresca y su equivalente en seca

1 g de levadura fresca y su equivalente en seca

0,1 g de levadura fresca y su equivalente en seca

reducir las cantidades de levadura si no tienes problema en esperar más a que la masa esté lista: el resultado merecerá la pena.

Para hacer un buen pan, la masa necesita tiempo, pero si la dejas que fermente sin control durante demasiadas horas acaba hundiéndose agotada, sobrefermentada. Antes de que esto suceda, hay que meterla en el horno. Pero ¿y si aún querías más fermentación para que la masa madurase y se llenase de aromas y sabores y obtuviera una textura mejor? La solución es dividir la fermentación en dos partes. La primera fermentación (llamada «en bloque») se hace antes de formar la masa y luego se pone a fermentar otra vez (esta segunda fermentación se llama «en pieza») antes de ir al horno. Intenta dar una buena primera fermentación a tus masas (3-4 h o más) antes de formarlas, para que tengan alma y sabor de pan.

Tipos de levadura: fresca y seca

La fresca viene en cubitos y dura aproximadamente un mes en la nevera. La seca viene en sobres y dura muchos meses sin necesidad de frío. Las dos sirven para hacer pan, simplemente habrá que cambiar las cantidades que se usarán en cada caso. Es decir, si una receta pide 3 g de levadura fresca, no puedes usar 3 g de levadura seca y esperar un resultado similar. La levadura seca está deshidratada, por lo que ha perdido gran parte de su peso. Por ese motivo, como norma general, cuando uses levadura seca, emplearás menos cantidad. ¿Cuánta cantidad? Dependerá del tipo de levadura y también del tiempo que lleve el paquete en el cajón de la cocina. Aunque dura muchos meses, no es lo mismo una levadura recién salida de la fábrica que una con 24 meses.

Levadura seca, tipos y conversiones

Existen dos tipos de levadura seca. La primera que se utilizó estaba compuesta por unos gránulos redondos bastante gordos (comparados con los actuales) y necesitaba ser reconstituida en agua tibia durante unos minutos. Por suerte, desde hace muchos años disponemos de levadura seca que no hay que reconstituir y que se puede usar directamente con la harina sin desleírla antes (a pesar de que algunas recetas aún lo recomienden, no es necesario). ¿Cómo distinguirlas? Muy fácil, además de por los nombres (la más reciente suele llamarse «instantánea» o «de acción rápida»), es fácil diferenciarlas por el tamaño de los gránulos. La vieja viene en gránulos mucho más gruesos. La norma de conversión (es siempre una aproximación, pero te vale como indicación general) es usar un tercio de levadura seca sobre peso de la fresca. Si la receta pide 3 g de la fresca, usa 1 g de la seca. En el caso de la seca de la antigua que había que desleír, se usaba la mitad de una proporción, 1 g de seca por cada 2 g de fresca. En el año 2022, la antigua apenas se encuentra ya en España, pero en otros lugares aún se suele ver.

Como es difícil pesar cantidades minúsculas de levadura, a menudo las recetas del libro contienen indicaciones «caseras», como que un gramo de levadura fresca corresponde aproximadamente al tamaño de un garbanzo. No obstante, cuando hablamos de levadura seca, la cosa se complica, por eso te presento unas fotos como guía aproximada.

Fermentos

En la presentación de la levadura hemos visto cómo se usa, con la idea esencial de que menos levadura es mejor (salvo en contadas excepciones). Pero existe una forma aún mejor de usar la levadura. Aunque nunca hayas hecho pan, se trata de algo que te es muy familiar: la idea de hacer un sofrito. Cuando haces un guiso, es habitual que, para mejorar su sabor, cocines parte de los ingredientes primero, en lugar de echarlos todos juntos a la vez. En la elaboración de muchos arroces, potajes y guisos, se suele hacer un sofrito, que concentra el sabor de parte de sus ingredientes, para que el resultado final sea superior. La misma idea se aplica a la hora de hacer pan. En lugar de usar todos los ingredientes (harina, agua, levadura y sal) juntos al comienzo, se toma una parte y se fermenta durante horas para así conseguir el aporte de aromas y sabores que nos interesa en un buen pan: esto es un fermento. Como el pan se hace en mil lugares de mil maneras distintas, esta idea se lleva a cabo de diferentes modos y recibe nombres diferentes, aunque el concepto siempre es el mismo: fermenta parte de la harina antes y usa ese fermento en la elaboración final.

¿Cómo hacer un fermento?

Lo esencial es que mezcles harina, agua y levadura y lo dejes varias horas fermentando, acumulando sabor. ¿Cuántas horas? Lo bueno es que tú lo decides dependiendo de tus horarios. Como idea general, piensa que en menos de 3-4 h de fermentación a temperatura ambiente apenas hay desarrollo aromático. Como la noche o el trabajo suele dividir nuestros días, puedes usar esos largos periodos de tiempo para que tu fermento vaya madurando a temperatura ambiente. Un fermento con 8-12 h suele dar una buena personalidad a un pan, y en algunos casos puedes hacer fermentos de 14-18 h.

Aquí tienes una pequeña tabla con la levadura que tienes que usar para fermentar 100 g de harina a temperatura ambiente según el tiempo del que dispongas.

Para **3-4 h**, 1,5 g de levadura fresca (0,5 g de la seca)

Para **8 h**, 0,5 g de levadura fresca (0,2 g de la seca)

Para **12-14 h**, 0,1 g de levadura fresca (0,07 g de la seca)

Como alternativa, puedes arrancar la fermentación durante unas horas (hasta que veas que hay actividad y la masa aumenta de volumen) y meterla en la nevera, para usarla al día siguiente, incluso al cabo de dos días. Es muy cómodo y te da mucha libertad de horario.

TIPOS DE FERMENTOS

Las distintas culturas panaderas usan los fermentos de diferente manera, a veces debido a sutiles matices técnicos, a veces por cuestiones de tradición, a veces por motivos de comodidad. No te agobies por los nombres o las cifras, simplemente observa los diversos fermentos y las recetas que los usan, pero tampoco pienses que no se pueden intercambiar.

Masa vieja

El fermento básico es la masa fermentada de la hornada anterior. Es una idea usada en panadería profesional, donde suele sobrar masa. En casa no es habitual tener masa vieja, por lo que posiblemente no sea el recurso que más utilices. No obstante, si por algún motivo te sobra masa o no puedes hacer pan con ella, siempre puedes usarla como fermento para un nuevo pan (si no tienes tiempo o no te apetece, incluso puedes congelarla para otro día). Si solo tienes un poquito, puedes usarlo de «pie» para hacer más: le sumas harina y agua y dejas que fermente durante unas horas. Así tendrás más cantidad.

Esponja

Se suele hacer con 100 g de harina por 60 g de agua, con la textura de una masa de pan. La diferencia con la masa vieja es que no lleva sal y que está pensada y fermentada con cuidado para que esté lista en el momento en el que quieras hacer pan (que calculas con la tabla de horas y levadura de la página anterior). Es típico emplearlo en bollería, pan de molde o como base general.

Biga

Un fermento muy seco de origen italiano, se suele usar en chapata, pizza, etc., aunque da un aroma muy interesante a otros panes. Se suele hacer con 100 g de harina por 40-45 g de agua y no se llega a amasar hasta formar una masa, sino que se mezcla hasta obtener apenas unos grumos, intentando no desarrollar el gluten. Es típico usarlo en masas de mucha hidratación para reforzarlas o con harinas flojas para sacar la mayor estructura de ellas.

Poolish

Un fermento líquido clásico en panadería francesa. Se suele hacer con 100 g de harina por 100-125 g de agua y se fermenta largas horas hasta que burbujea y tiene un agradable aroma láctico. Se suele emplear en masas que necesitan una buena extensibilidad, como masas laminadas (cruasán), baguete, etc., que van a ser estiradas, o también si tienes una harina muy fuerte, para quitarle tenacidad.

En algunas recetas del libro he optado por omitir el fermento, para que sean más rápidas y fáciles de hacer, pero en general es buena idea añadir un fermento a cualquier masa de pan (como verás en las sugerencias y variaciones al final de cada receta).

Manipulación de la masa

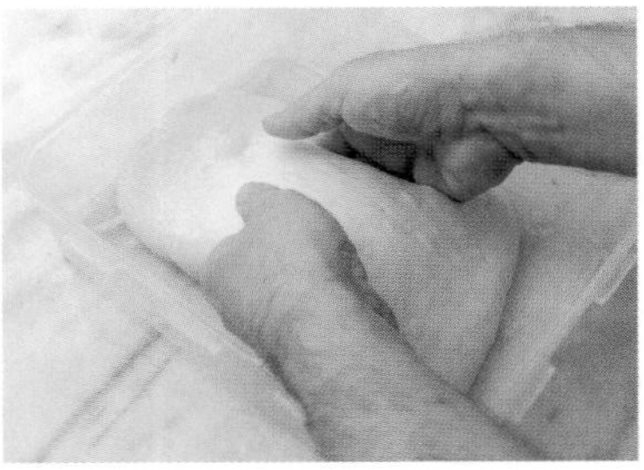

Cuando enseñas a hacer pan a alguien que nunca lo ha hecho, hay un momento en el que toda la teoría no vale para nada: el momento de tocar la masa. Es como besar a alguien, por más que hayas leído mil veces cómo es, hasta que no lo haces no puedes saber de qué se trata. Tocar la masa es uno de los grandes atractivos de hacer pan (es relajante, hipnótico y adictivo), pero también puede ser uno de los momentos que más incomodidad y temor causan al principio. Aquí van unas ideas generales.

Toca la masa lo menos posible

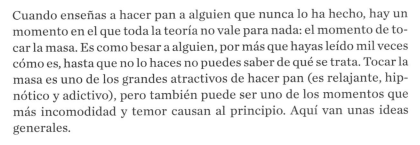

A menudo veo que la gente que no ha hecho nunca pan tiene la idea de que hay que estar toqueteando la masa continuamente, como si aquello le otorgase a la masa alguna característica especial o la mejorase. El truco en realidad es tocarla lo menos posible. Memoriza esto: cada vez que toques la masa lo has de hacer con una finalidad y de la forma más «económica» posible: breve, ágil pero sin prisa, y sin demorarte. Si a esta idea le sumas el uso de una rasqueta (lo único que te recomiendo encarecidamente que te compres), verás que es mucho más sencillo.

Usa agua

Aunque la idea que tenemos de las panaderías es que todo está lleno de harina, en casa una idea reveladora y muy útil a la hora de manipular masa es, en lo posible, mojarte las manos con agua: cuando tengas que plegarla, sacarla de un bol, etc. (todo menos formarla, vaya), mójate las manos antes, verás como es mucho más fácil.

Plegar la masa

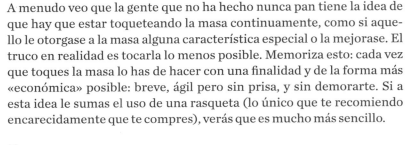

El pliegue es posiblemente el gesto más importante a la hora de hacer pan. Usando pliegues puedes amasar, dar estructura a la masa e incluso formar el pan. Si pliegas bien, tienes una gran parte del camino recorrido. La idea de plegar la masa es estirarla suavemente antes de doblarla sobre sí misma, creando una suave tensión. Cuando se trate de amasar, esto servirá para desarrollar el gluten, y cuando la masa esté fermentando y vaya relajándose, quedándose cada vez más floja, el pliegue servirá para que la masa gane fuerza (y volumen en el horno).

Pliegue a una mano

Sostén el bol de masa con una mano (seca y limpia, por si tienes que hacer algo inesperado) y mójate la otra mano antes de coger la masa con suavidad (sin estrujarla): estira hacia arriba hasta notar que la masa muestra algo de resistencia (sin llegar a desgarrarla ni romperla) y pliégala entonces hacia un lado (hacia ti, en las fotos) al tiempo que estiras de ella creando un poco de tensión. Una vez que has hecho este gesto,

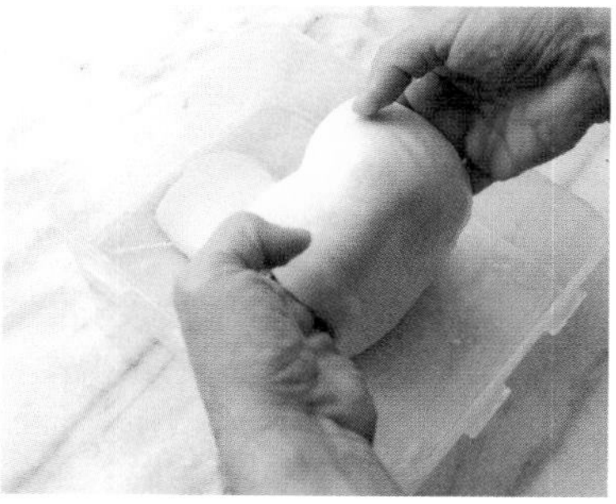
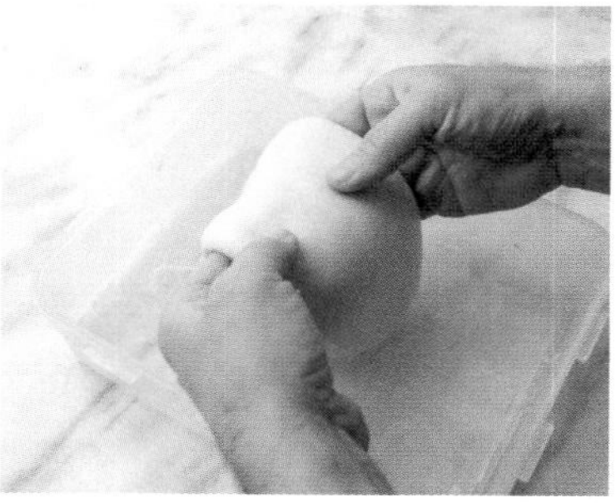

gira el bol 90º y repítelo, y así otras dos veces más hasta (por así decirlo) hacer un pliegue en cada uno de los 4 puntos cardinales: norte, sur, este y oeste. A toda la operación completa (los 4 pliegues en las cuatro direcciones) se denomina en el libro «dar un pliegue». No tardas más de 10 o 15 s en hacerlo, y su efecto en la masa es increíble.

Pliegue en espiral a dos manos

Una alternativa, sobre todo para masas algo húmedas (muy útil si utilizas un contenedor bajo rectangular) es usar las dos manos. Mójate las manos, deslízalas por debajo del centro de la masa y estira suavemente hacia arriba, esto hará que la masa se tense; entonces rota las muñecas de modo que incorpores un movimiento en espiral a la masa, para tensionarla, y arrójala hacia delante como se muestra en las fotos. Vuelve a repetir el gesto dos o tres veces más, hasta que hayas «enrollado» toda la masa. A toda la operación (los varios pliegues en espiral hasta que la masa cobre estructura) se la denomina en el libro «dar un pliegue».

En las muchas recetas del libro que prescinden del amasado tradicional (trabajar la masa de corrido durante 5-10 min) se indica hacer repeticiones de los pliegues a intervalos. Un ejemplo típico es hacer un pliegue (como operación completa) cada 30 min y repetirlo unas 3-5 veces. Al cabo de ese tiempo, la masa se habrá amasado y estará desarrollada, fina y con cuerpo, aunque el total de segundos que le has dedicado no llegue al minuto. Solo tienes que tener en cuenta una cosa importante: en ese ejemplo han pasado 2 h (30 min×4) de fermentación. Tenlo en cuenta si optas por tomar una receta que indica amasado tradicional y decides cambiar y amasar a pliegues. En ese caso, acuérdate de descontar el tiempo de fermentación entre pliegues.

Sacar la masa de un contenedor

Un truco muy sencillo para sacar la masa de un bol o contenedor es no meter la mano directamente (ya que la masa se pegará horrores), sino espolvorear harina en el perímetro de la masa (o bien mojarte las manos o la rasqueta), meter la rasqueta (para soltar la masa de las paredes) y entonces sacar la masa delicadamente (puedes levantar el bol para que la gravedad trabaje por ti).

Amasado
Ideas esenciales

Una vez que has elegido los ingredientes (tipo de harina, cantidad de agua que quieres emplear, otros sabores o ingredientes añadidos, etc.), es necesario mezclarlos para poder hacer un pan. Parece algo obvio, pero hay distintas maneras de enfocarlo y tratar la masa.

La potencia de la cuchara

En muchas recetas del libro verás que empiezo mezclando los ingredientes con el mango de una vieja cuchara de madera (es una herramienta utilísima que te permite hacerlo de forma rápida y sin mucho esfuerzo, no la subestimes). En algunos casos es todo lo que tendrás que hacer. Piensa que, en el momento en el que el agua y la harina se mezclan, empiezan a suceder cosas, aunque tú no hagas nada más, por eso el libro te presenta recetas sin amasado (usando los pliegues del apartado anterior) o con «microamasados» a intervalos, o bien con el amasado más tradicional, trabajando la masa de corrido durante varios minutos. Pero antes de mezclar los ingredientes, hay algo esencial que has de tener en cuenta: la temperatura.

Temperatura

La temperatura es probablemente el ingrediente más importante del pan, ya que lo condiciona por completo. Dependiendo de dónde vivas, en invierno el agua puede salir del grifo a 14 °C y en verano a 27 °C. Por más que peses los ingredientes al gramo y sigas la receta «al pie de la letra», al haber una diferencia de temperatura tan grande en la masa, tu pan no saldrá bien. Si la masa está muy fría, irá lento, la fermentación será torpe y la masa acabará siendo un chicle sin fuerza. Si la masa está demasiado caliente, fermentará sin control y se degradará rápidamente, y se pasará de fermentación.

Como norma general (esto es muy importante), una masa de pan estará idealmente a unos 24-25 °C, y es a la temperatura a la que están trabajadas todas las recetas del libro, salvo que se indique expresamente lo contrario. Cuando leas las indicaciones de tiempo de las recetas, observa la temperatura de tu masa (o de tu entorno) y así sabrás predecir si va a ir más lento o más rápido. Una manera sencilla de alterar la temperatura de tu masa es cambiar la temperatura del agua: en invierno usa agua templada; en verano, agua de la nevera (sobre todo si usas amasadora). Existen fórmulas para calcular esto, pero simplemente piensa que el agua puede enfriar una harina caliente y calentar una harina fría. Una manera muy sencilla de hacerlo es sumarle o restarle al agua los grados que le sobren o falten a la harina. Es una aproximación, pero ya te acerca al éxito. Por último, en climas extremos (por ejemplo, si tu cocina está a 16 °C o a 33 °C), la temperatura ambiente afectará a la fermentación, por lo que es buena idea empezar a fermentar previendo que la masa se calentará o enfriará (y dejarla más fría o caliente). Es una idea sencilla, como ponerse un abrigo si hace frío o una camiseta si hace calor, pero condicionará por completo el éxito de tu pan.

FASES DEL AMASADO

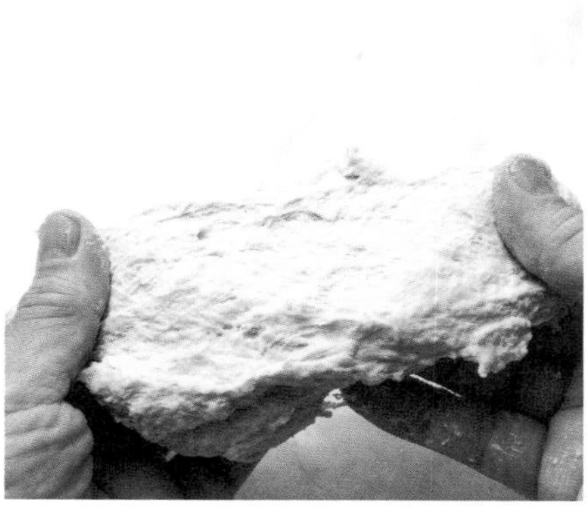

Fresado

Aunque una de las claves del amasado sea desarrollar el gluten de la masa y así conseguir piezas esponjosas, el primer paso del amasado consiste en la mera mezcla de los ingredientes (y en ocasiones es todo lo que tendrás que hacer); esto se llama «fresado». Cuando hagas panes sin amasado, como no habrá más trabajo a la masa, es buena idea que diluyas la levadura y la sal en el agua para que se distribuyan bien.

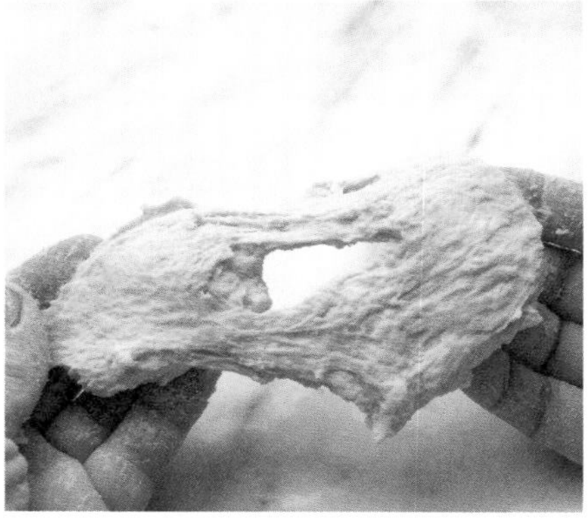

Puntos del amasado

En masas de trigo, según vayas trabajando la masa (directamente o mediante reposos), verás que esta se va desarrollando. Al principio será una mezcla basta y granulosa, pero irá afinándose, quedando fina (dentro del tipo de masa, claro; una integral será más basta que un brioche). Es fácil de comprobar si, tras dejar reposar la masa un par de minutos, estiras un trozo suavemente. Observa cuánto se deja estirar y cómo se rompe. Una masa poco amasada se romperá con facilidad. Una masa medio amasada tendrá cohesión y empezará a haber una malla de gluten que soporte la masa. Una masa perfectamente amasada será lisa y, al hacer un agujero, los bordes de este serán también lisos, no serrados. No obstante, este último punto no lo veremos en muchos panes, ya que a menudo amasaremos a intervalos. No te preocupes, en esos casos el tiempo de reposo amasa por ti.

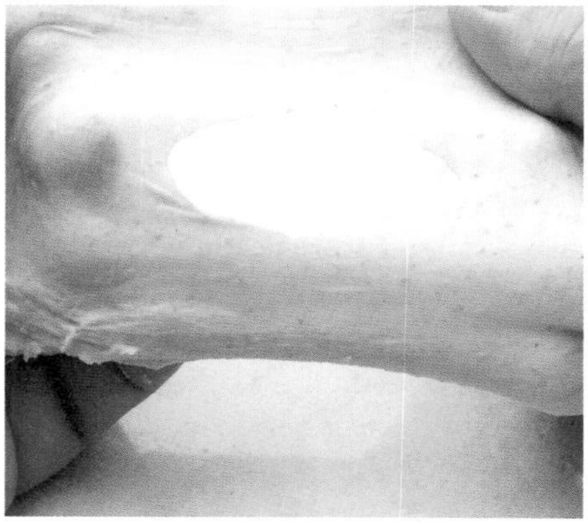

A máquina

Todo lo que hemos visto sirve para una amasadora, puedes usarla también de corrido o a intervalos. Lo más importante que has de tener en cuenta es que las amasadoras suben mucho la temperatura de la masa, por lo que has de asegurarte de preverlo y así evitar masas demasiado calientes.

Para ampliar tus ideas, ver posibilidades y dar rienda suelta a tu creatividad, te animo a que consultes los capítulos 8 y 9, en los que verás distintas maneras de incorporar ingredientes a la masa, desde hacer que sean parte esencial de la masa (usando un puré o licuándolos) hasta hacer que vayan por dentro ¡o por fuera!

Amasado
Técnicas

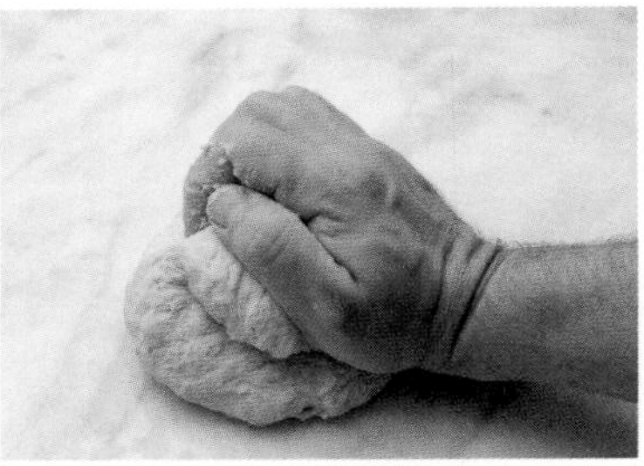
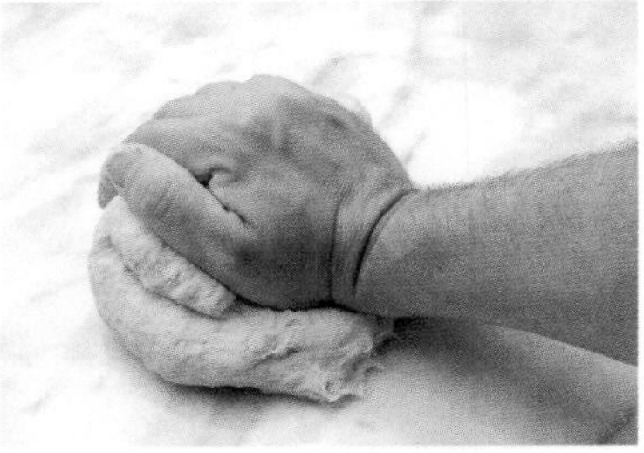
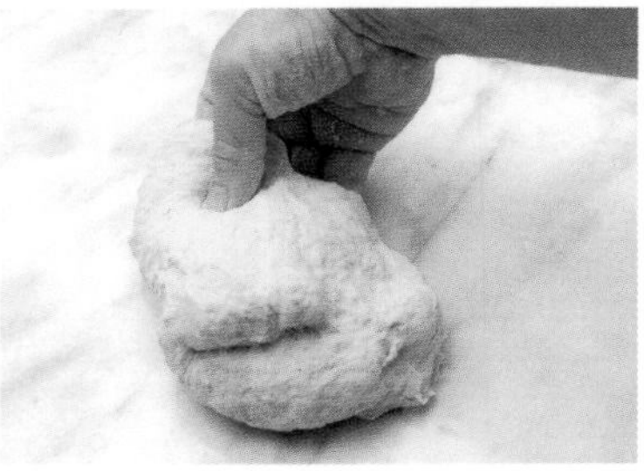
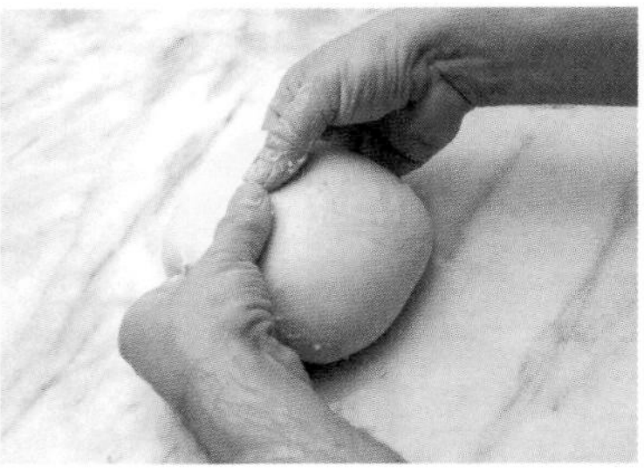

Como hemos visto, para obtener una masa de pan lista para la fermentación, tenemos que mezclar sus ingredientes (el fresado) y luego trabajarla para desarrollar su gluten, cosa que podemos hacer de diversas maneras (entre las que está no hacer nada en absoluto).

Intervalos

Una idea esencial que hay que tener en cuenta es que hacer pan en casa debe ser placentero. Amasar ha sido tradicionalmente uno de los puntos críticos, debido al esfuerzo necesario y al temor a pringarse y que se te pegue la masa. La solución es sencilla: deja que el tiempo trabaje por ti. En lugar de amasar una masa durante 7-10 min, puedes hacer pequeñas intervenciones de unos pocos segundos (mediante pliegues o microamasados) seguidas de reposos de unos cuantos minutos, entre 10 y 30 suele dar un buen resultado. Esta manera de trabajar la masa en casa es muy cómoda. A mí me gusta especialmente hacerlo por la tarde-noche, mientras preparo la cena. Como ya ando por la cocina, simplemente me pongo una alarma en el móvil y, según voy preparando la cena, le doy los pliegues a la masa casi sin darme cuenta y sin que me cueste tiempo o esfuerzo. Me parece un sistema genial. Pruébalo; las recetas te indicarán las pautas de tiempo, pero juega un poco con los ritmos que mejor se adapten a tu estilo de vida. La nevera es una gran aliada para ello.

Distintas masas, distintos amasados

Este libro contiene masas muy distintas: desde algunas con muy poca agua que son bastante duras y que no se pegan a las manos ni a la mesa (como el candeal o el pan al vapor), hasta masas intermedias que son una delicia tocar y amasar (como el pan de molde, de masa sedosa y tierna) y masas muy húmedas que son un verdadero desafío (como la chapata o el brioche). Debido a estas grandes diferencias, es bueno disponer de herramientas para enfrentarse a ellas.

Amasado de masas secas y medias

Cuando trabajes una masa de hidratación media o baja (que no se pega mucho a las manos), probablemente puedas amasarla sobre la mesa. Esta es quizá la idea de amasado más popular. No obstante, es importante seguir un par de indicaciones. Lo primero es que no usamos harina, sino que dejamos que la masa vaya adquiriendo cuerpo. Lo segundo es que la fuerza es secundaria: es todo técnica. No hay que apretar con gran fuerza hasta romper a sudar, sino plegar y hacer rodar suavemente la masa, acompañándola. El movimiento de amasado se divide en tres gestos. Con la masa sobre la mesa: 1) pliégala sobre sí misma hacia ti (en dos, como un libro); 2) aprieta suavemente con la

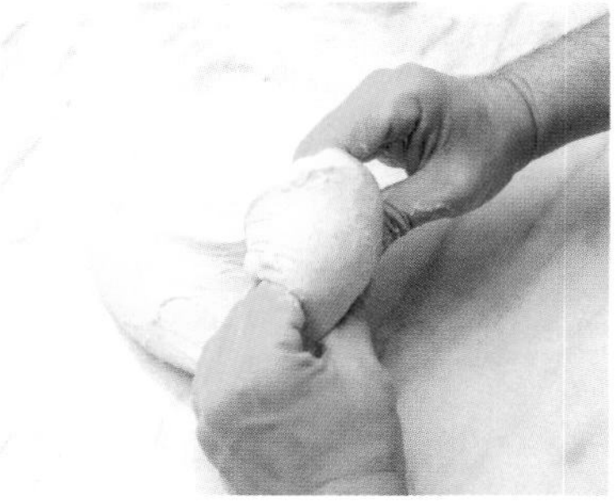
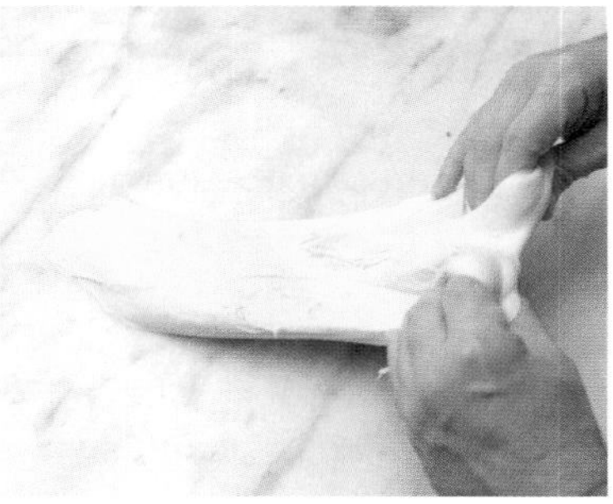
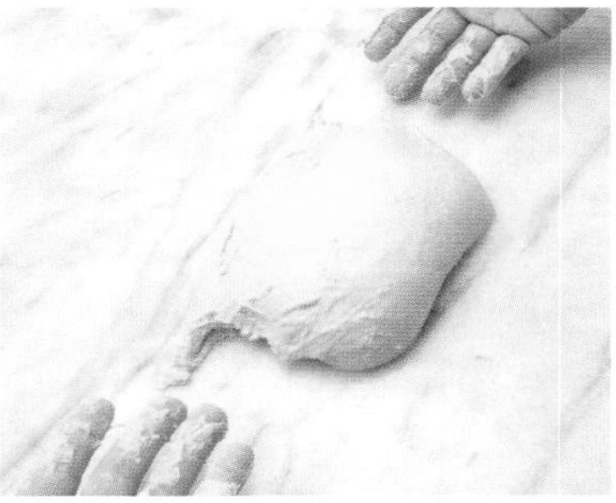

base de la palma de la mano al tiempo que haces rodar la masa hacia delante, y 3) finalmente (para acabar el gesto), gira 90º la masa y repite el gesto 1.

Amasado de masas húmedas

Cuando las masas son demasiado pegajosas como para usar la anterior técnica, pásate a este amasado (llamado también amasado francés). ¿Cómo sabes cuándo usarlo? Fácil: o bien te lo pide la receta, o bien dejas que la masa te lo pida (amasar sobre la mesa algunas masas húmedas te será prácticamente imposible debido a lo pringosas que son). Este movimiento se divide en gestos. Con la masa extendida sobre la mesa: 1) desliza las dos manos por debajo, de modo que te puedas ver las uñas de los pulgares, con los dedos estirados y pegados entre sí (muy importante) para que la masa no se te meta entre ellos; 2) levanta la masa de un tirón seco (si lo haces con timidez y suavemente, lo normal es que se pegue); la masa quedará colgando entre tus manos; 3) rota las muñecas de modo que ahora te veas las uñas de los dedos índice a meñique, y (sin soltar la masa) golpea la mesa suavemente con la base de la masa que cuelga; 4) tracciona con delicadeza de la masa hacia ti antes de, 5) lanzarla hacia delante, soltándola, para que se pliegue sobre sí misma. Ahora vuelve al punto 1, pero cogiendo la masa por los lados lisos. Si te fijas, este gesto es una prolongación del gesto de pliegue y giro de 90º de la masa, pero en movimiento.

TÉCNICAS ALTERNATIVAS

Romper la masa

Aunque parezca que vas a estropearla, en realidad exponer la masa al aire (oxigenarla) es interesante para mejorar sus cualidades plásticas. Amasando sobre la mesa a veces falta algo de esa exposición al aire. Una manera sencilla es cortar la masa con la rasqueta como si estuvieras cortando verdura en juliana: repite esto dos o tres veces y verás cómo la masa mejora en su estructura.

Ahuecar la masa en el bol

Hay veces que la masa parece demasiado pegajosa, como cuando te enfrentas a un brioche lleno de mantequilla o un pan de agua. Una técnica muy sencilla es, sin sacarla del bol, usar la mano como una pala (con los dedos estirados y pegados entre sí) y simplemente hacer un movimiento circular, como si batieras huevos o intentaras subir las claras de un merengue. Repítelo a intervalos de 20 o 30 s y verás cómo la masa mejora.

Formado
Ideas esenciales

Como hemos visto, la masa se hincha debido al gas que produce la levadura. Con el tiempo, el gluten desarrollado durante el amasado (y los reposos) se va relajando. Cuando unes estas dos ideas, el resultado es que una masa que ha estado fermentando un buen tiempo está hinchada de gas, pero a la vez relajada. Muchos panaderos intentan dar una buena primera fermentación a su pan, por un lado, para que se llene de sabor y aromas (y aumente su conservación) y, por otro lado, para que la masa se vaya relajando, madurando, con el resultado de una miga estupenda. Si, tras dejarla fermentar unas horas, metieras la masa en el horno sin más, es probable que el pan saliese algo chato, por eso en los obradores han aprendido a formar sus piezas. De este modo obtienen resultados consistentes en tamaño y forma (y así además pueden aprovechar mejor el espacio del horno), aparte de darle a cada pan su carácter propio.

Por otro lado, aunque suene extraño, con una misma masa formada de distintos modos podemos conseguir panes de otros sabores. Si estiramos la masa y le damos una forma plana, tendrá mucha superficie de corteza, por lo que el pan sabrá diferente que un pan formado con la misma masa, pero metido en un molde, ya que el molde tiene mayor proporción de miga y además suele tener menos corteza al no estar tan expuesta al calor del horno una parte de la masa.

Estos son varios de los motivos por los que damos diferentes formas al pan: a veces nos vienen impuestas por la naturaleza de la masa (si es blanda o dura), y otras veces responden a una finalidad (tener alvéolos más grandes o pequeños, rebanadas muy grandes, o bien mayor superficie de corteza, etc.).

¿Cuánta harina usar sobre la mesa durante el formado?

Dependerá de la masa, y suele ir en relación con la hidratación de la misma. Las masas de poca hidratación (como el candeal, el bagel o el brezel) no se suelen pegar a la mesa, por lo que no es necesario que uses harina. De hecho, podría ser contraproducente, ya que podría meterse en los pliegues, impedir su sellado, y hacer que la pieza se abriese en el horno. Las piezas de hidratación intermedia necesitan una fina capa de harina (la idea es siempre «la mínima cantidad necesaria para conseguirlo»). Y finalmente las piezas de hidratación alta suelen necesitar de bastante harina para no pegarse a la mesa y a las manos.

En algunos casos, la harina que uses quedará pegada a la masa y será parte de su personalidad. No solo es algo necesario para que la masa no se pegue a la tela durante la fermentación, sino que es una seña de identidad de algunos panes. La masa de chapata, por ejemplo, es muy pegajosa, por lo que se emplea bastante harina en su manipulación, lo que le da su apariencia rústica. Puedes ir un paso más adelante y usar esto como una nota de creatividad, ya sea en lo estético o en el sabor. Por ejemplo, los panes de miga oscura como el pavé de chocolate (p. 104) o los bollos aromáticos suecos (p. 120) quedarán espectaculares si usas harina para crear un fuerte contraste cromático. Por otro lado, puedes utilizar la harina para dar notas de sabor. En panes de mucha hidratación y mucha superficie de corteza como las chapatas (p. 46 y 80), el pan de agua (p. 62) o la pizza (p. 158), puedes usar harina de trigo duro (semolina o harina de fritura) para darle un toque de sabor dulzón que recuerda al maíz y la mantequilla.

¿Cómo manipular? ¿Desgasificar o no?

Con una misma masa se pueden obtener resultados muy diferentes. Por ejemplo, si haces una masa de hidratación intermedia como masa de torta de aceite (p. 58) y apenas la desgasificas durante el boleado, y después la manipulas aplastándola con la punta de los dedos para distribuir el gas, conseguirás una miga irregular y abierta. Por el contrario, si boleas esa misma masa con intensidad, la desgasificas bien y luego la formas como un pan de molde, la miga será también esponjosa, pero mucho más cerrada (lo cual está muy bien para un pan de molde). Ten siempre en cuenta que las decisiones que tomes en la mesa respecto a la intensidad y cantidad de la manipulación tendrán una influencia directa en tu pan.

Formar sin formar

Esta es una de mis técnicas de formado favoritas, la aprendí del gran panadero francés Thomas Teffri-Chambelland, y para el entorno casero me parece sencillamente perfecta. Una vez que has dado una buena primera fermentación a la masa (y está esponjosa, llena de sabor y aroma), no la pasas a la mesa enharinada, como se suele hacer, sino que la vuelcas directamente en un bol forrado con una tela bien enharinada y allí sencillamente procedes a traer los bordes hacia el centro, como si hicieras un hatillo, pero lo haces con suma delicadeza, de modo que incorpores tensión, pero no desgasifiques la pieza. Como la masa conserva mucha de su estructura y no has aplicado mucha tensión, la segunda fermentación puede ser bastante corta, lo cual es muy cómodo en casa.

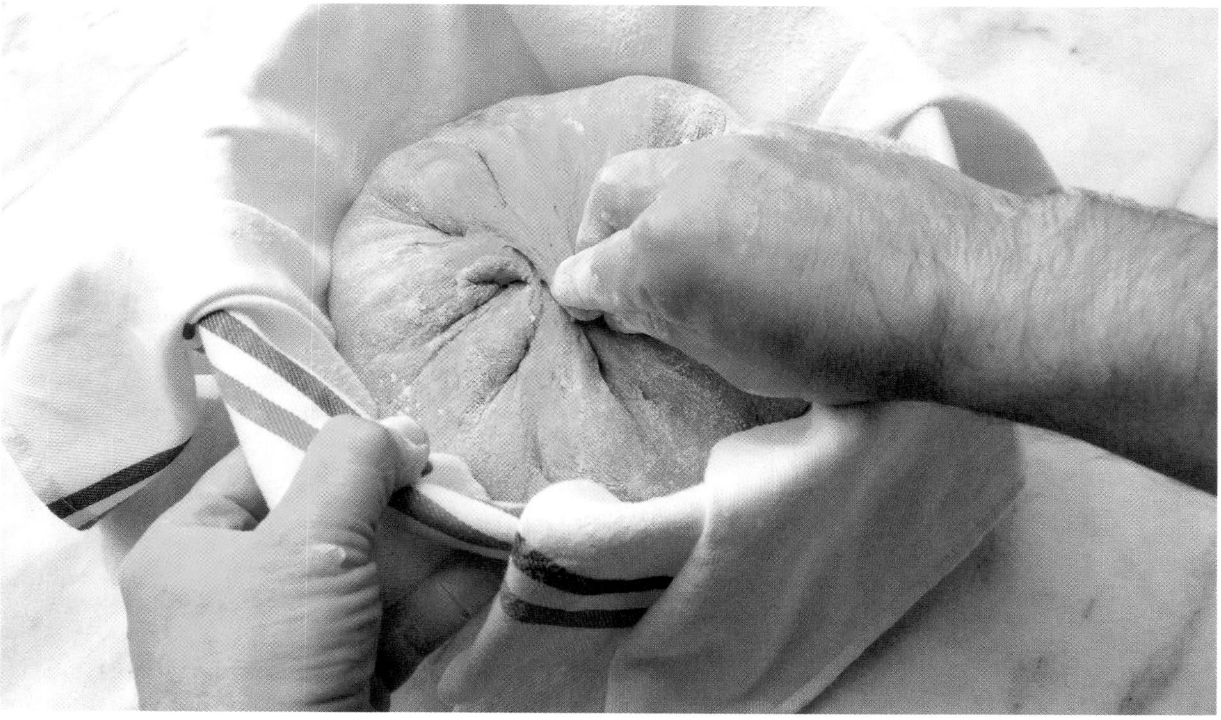

Formado
Técnicas

Bolear
A la hora de formar el pan, el boleado es esencial para dar tensión a la masa y conseguir un resultado homogéneo (en francés, «panadero» se dice *boulanger*, «el que hace bolas»). Este proceso se divide en dos gestos. Lo primero es agrupar la masa (que estará blanda y amorfa) en un hatillo, trayendo los bordes hacia el centro y creando una bola. En algunos casos, esto es todo lo que habrá que hacer, ya que solo necesitaremos un boleado muy delicado que agrupe la masa. En otros, una vez hecho este hatillo, colocaremos la bola sobre la mesa, con el cierre debajo, y la giraremos apoyando el canto de las manos en la parte inferior de la masa al tiempo que la deslizamos, para crear tensión y conseguir estirar delicadamente su superficie, a fin de otorgarle fuerza para que conserve su forma durante la segunda fermentación y llegue al horno con cuerpo. Si lo piensas bien, la intensidad del gesto del boleado dependerá del estado de la masa y de lo que quieras hacer con tu pan. Si la masa se ha relajado demasiado durante la primera fermentación (o incluso si le ha faltado un pliegue para ganar fuerza), puedes aprovechar el boleado para otorgarle fuerza. Por el contrario, si tu masa está aún muy «entera» y firme tras la primera fermentación, el boleado será muy suave. Un ejemplo típico es un pan que vas a meter en la nevera tras el boleado y lo vas a hornear al día siguiente. Como va a pasarse muchísimas horas en la nevera (fácilmente, entre 18 y 24 h), tienes que intentar aportarle la fuerza necesaria para que lo resista sin venirse abajo.

Bolear masas pequeñas
Para bolear piezas pequeñas, como bollos y panecillos, la técnica es la misma, pero es más cómodo usar solo una mano. Se procede igual: haces el pequeño hatillo de masa, lo dispones con el cierre debajo y entonces colocas la mano encima abrazando la masa con los dedos al tiempo que la giras rápidamente para conseguir tensión. Una forma fácil de hacerlo es pivotar la masa en un punto fijo, girándola, pero sin desplazarla.

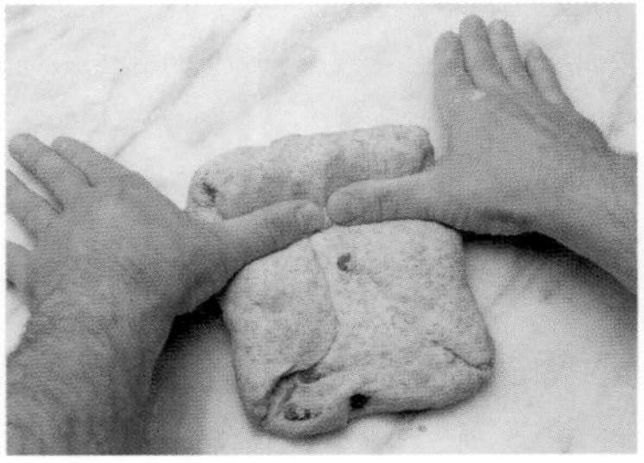
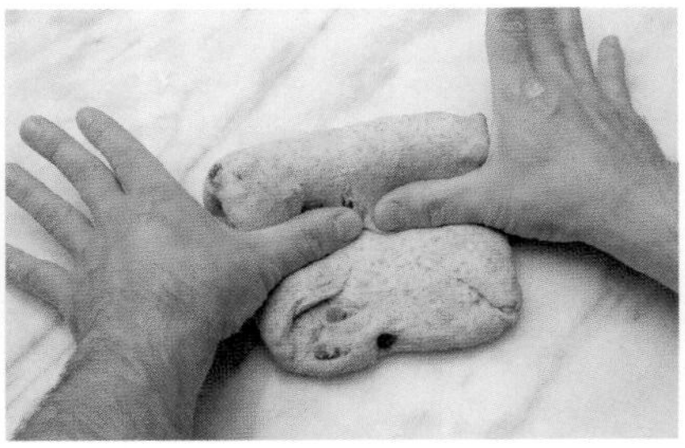
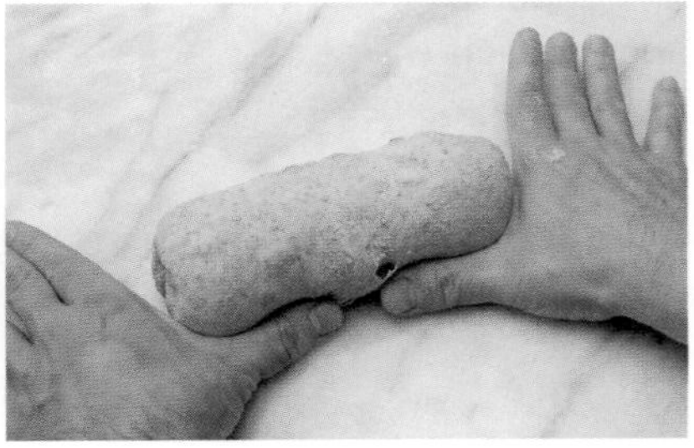

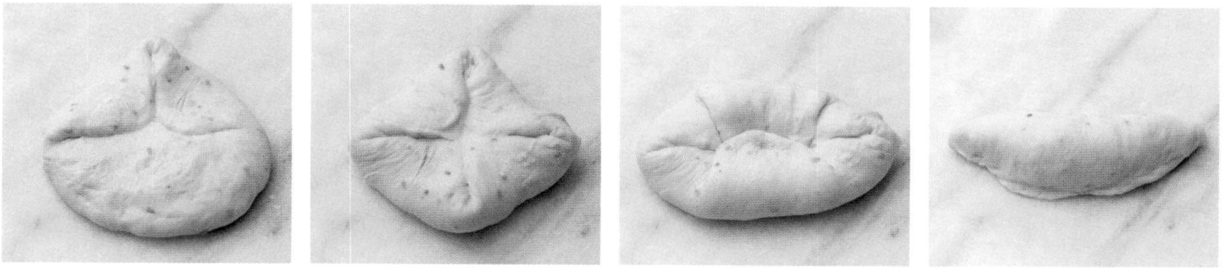

Formado de pieza redonda

Para formar panes redondos (sobre todo de tamaño medio o grande), usaremos el gesto del boleado, pero con la salvedad de que, para darle más tensión, podemos repetirlo dos veces: una vez como suave boleado y una segunda vez (tras 15-30 min de reposo) como formado final.

Preformado en rulo para pieza alargada

Para formar piezas alargadas, como barras o bollos, no tienes por qué partir de una bola. Una técnica que facilita mucho el trabajo es colocar la masa sobre la mesa y darle una forma alargada, de esta manera no tienes más que cortar «rodajas» de masa que tendrán una forma alargada, las enrollas suavemente y ya has dejado listo el preformado para formar una barra.

Formado de pan de molde

El pan de molde se suele hacer con una masa relativamente fácil de manipular, así que es una buena escuela para tus manos. La idea es formar un rulo de masa, pero antes de eso se intenta eliminar de la masa cualquier gran burbuja que pudiera estropearte una tostada o un sándwich. Si quieres, puedes bolear primero para desgasificar y esperar unos 10-15 min antes de formar. O bien puedes aplastar la masa antes de formar; si lo haces de forma sistemática, eliminarás buena parte de las burbujas mayores. Sea como fuera, para el formado final, una vez que la masa está plana sobre la mesa, trae los lados hacia el centro (como si cerraras un libro), y entonces empieza a enrollar la masa desde arriba hacia abajo, intentando acumular tensión en cada giro.

Formado de barrote

Un barrote se forma de manera similar al pan de molde, pero con menos intensidad y afilando los extremos para conseguir curruscos delgados y crujientes. Puedes partir de una masa boleada o preformada en rulo, como se indica arriba. Deja que se relaje al menos 10 min antes del formado definitivo. Pliega los extremos de la parte superior de la masa hacia el centro, como si hicieras la punta de un avión de papel, gira la masa 180º y haz lo mismo en el otro lado. Ya has marcado la estructura principal de la masa. Ahora enrolla la pieza buscando crear una tensión intermedia (piensa que suelen ser panes grandes). Finalmente, sella los dos «labios» de masa como si fuera una inmensa empanadilla.

Formado de barra

Para formar una barra, puedes partir de un preformado en rulo. Deja que se relaje unos 10 o 15 min y comienza a enrollarlo de arriba abajo de manera sistemática. Pliega de forma longitudinal aproximadamente un cuarto de la masa (como si enrollases una cartulina), repite otras dos o tres veces hasta que hayas enrollado toda la masa al tiempo que vas estirándola para que sea cada vez más larga. Puedes acabar por rodar la masa sobre la mesa a la vez que estiras suavemente con las manos hacia los lados para alargar la pieza y sacarle una ligera punta a los extremos.

Horneado

Cuando digo que hago pan en casa, una de las preguntas que me suelen hacer es si no hace falta un horno especial. No, tan solo hace falta una fuente de calor (y en casa tienes muchas, como verás en el capítulo sobre cocción). No obstante, es cierto que los hornos de casa no están específicamente diseñados para la cocción de pan. Uno de los puntos en los que fallan es la creación (y retención) de vapor, y en muchos panes precisamente es necesario un entorno húmedo al comienzo de la cocción para permitir que el pan crezca todo lo que pueda (según tu elección de ingredientes y técnicas para esa masa).

Muchas de las hogazas y panes que nos son más familiares dependen en gran medida de una buena vaporización inicial para conseguir su aspecto. Es esencial que esa vaporización suceda al comienzo, ya que es cuando crece el pan. El calor hace que parte del agua contenida en la masa se convierta en vapor de agua, y además estimula las levaduras, que producen gas antes de morir achicharradas (a unos 65 °C). Lo que tu pan no crezca al comienzo de la cocción no lo va a crecer después. En muchos casos, si cueces el pan sin vapor, no conseguirá su volumen máximo. Para tener un esquema sencillo del horneado, dividiremos la cocción en dos fases: una primera fase con vapor y una segunda fase seca, ya sin vapor.

Durante los primeros minutos en un entorno húmedo, el pan alcanza su volumen máximo (puedes jugar a observar y anotar cuándo sucede esto en cada pan). Tras acabar de crecer, su aspecto suele ser todavía blanco (técnicamente está «precocido»). Si se llega a dorar en ese punto de la cocción, es que no ha habido suficiente vapor. En el momento en el que ya no crece más, puedes continuar la cocción sin vapor, en un

entorno seco, dado que el objetivo en esa segunda parte de la cocción es dorar la corteza y darle mayor o menor grosor según el tipo de pieza y el gusto personal. Mientras que en la primera parte de la cocción existe el riesgo de que el ventilador seque la corteza y la selle hasta impedir que el pan crezca (igual pasa con la resistencia superior o grill; evita usar ambos al principio), en la segunda parte puedes usar el ventilador. Simplemente, ten en cuenta que el horno con ventilador suele «sumar» unos 20-30 °C al uso sin ventilador. Es decir, si una receta pide 220 °C con calor de resistencias (arriba y abajo), con ventilador serán unos 190-200 °C.

Todas las recetas del libro te indican el tipo de cocción, si has de usar vapor o no y el tiempo y la temperatura en cada fase del horneado, pero estudia con atención las siguientes formas de hornear, ya que pueden hacer que tus panes brillen.

¿Cómo crear vapor?

Crear vapor es tan sencillo como poner una bandeja metálica (si fuera de loza es probable que reventara por el choque térmico) dentro del horno y calentarla junto a la bandeja en la que vas a poner el pan. Es decir, cuando enciendas el horno habrá dos bandejas metálicas dentro. Puedes usar una fuente baja (de canelones o asado) o bien una segunda bandeja de horno (muchas marcas de hornos incluyen dos bandejas gemelas). Cuanta más superficie tengan, mejor, de esa manera crearán más vapor. La bandeja donde irá el agua puede situarse en un nivel superior al pan, o bien debajo (colocada directamente sobre la base), ahora veremos cómo.

Selección de fuente de calor dependiendo del pan

Hay panes que necesitan un buen arreón de calor al principio, como panes planos, pizzas, etc. En esos casos puedes cocer el pan (todo el rato o en sus primeros minutos) directamente sobre la base del horno. No puedes cocer una hogaza de 1 kg todo el rato allí porque al cabo de unos 5-7 min se carbonizaría su base.

En el caso de muchas hogazas y panes que tienen que abrirse para expandirse, es buena idea evitar el uso del ventilador y la resistencia superior (o aplacarlos). Para ello, durante la primera fase de la cocción puedes seleccionar solamente calor mediante la resistencia inferior (si tu horno tiene esa opción), o bien colocar la bandeja del agua en un nivel superior al pan, de modo que haga de «escudo térmico» y no deje que la resistencia superior achicharre tu pan e impida que el corte se abra.

Otra opción muy sencilla y que uso mucho para la primera fase de la cocción es colocar la bandeja del agua en la base del horno y usar solo la resistencia inferior. De ese modo se crea mucho vapor y el pan no encuentra obstáculo para crecer.

Por último, si tienes un horno en el que no puedes quitar el ventilador, una técnica muy interesante es calentar el horno a todo lo que dé, colocar el pan en su bandeja y echar el agua en la suya, cerrar la puerta y apagar por completo el horno durante 10-15 min. Tras ese tiempo, enciende el horno, saca la bandeja del agua y continúa la cocción a 200 °C hasta completar el tiempo indicado.

Conservación y degustación

Disfrutar del pan

Hay panes hechos para ser comidos calientes: la pizza, el pan al vapor, los molletes (casi siempre se tuestan), por lo que la vieja idea de que el pan caliente sienta mal no parece tener mucho sentido. Por otro lado, vista la infinita variedad de panes que hay (solo en este libro hay panes fritos, al vapor, al baño maría, a la plancha, con mucha corteza, sin corteza, con ingredientes añadidos, etc.), parece obvio que hay una infinita diversidad de maneras de consumir el pan. No obstante, en el caso del pan horneado más habitual en nuestra cultura (barras, hogazas), la ubicuidad de los «puntos calientes» que sirven pan de ínfima calidad con el único atractivo de que está recién horneado nos da una pista: caliente o tostado (casi) cualquier pan es bueno. Por el contrario, un buen pan de larga fermentación suele necesitar un periodo de reposo para que la miga acabe de asentarse y los aromas y sabores afloren de forma más nítida. Por eso te recomiendo que dejes que los panes horneados con buena corteza (y más aún si son de gran formato) se enfríen bien antes de comerlos.

Por otro lado, existe un grupo de panes que al enfriarse pierden toda su gracia: el pan al vapor se queda gomoso y pesado, igual que algunos panes a la plancha, como los msemmen. Muchos de los panes que se comen calientes tienen a menudo un lado «gastronómico» importante, y no suelen ser panes de empujar la comida (como hacemos con un trozo de barra), sino que a menudo van rellenos o se combinan con otros alimentos. Parece obvio que es buena idea respetar su temperatura. No es una regla escrita en piedra, pero esta idea te puede servir de orientación.

Conservar el pan

Para conservar pan (salvo la bollería), intenta usar algún material poroso para que «respire», desde la talega de tela de toda la vida a una caja de madera o alguna fibra vegetal. Si guardas pan común en una bolsa de plástico es más fácil que se quede blandurrio y le salga moho. Para entender el envejecimiento del pan, hay que pensar que, según pasa el tiempo desde la cocción, al pan le suceden dos cosas. Por un lado, se seca; esto dependerá del tamaño y el perfil del pan, así una hogaza de 3 kg (p. 78) aguantará mucho más tiempo fresco que unas barras (p. 126) o que un pan plano como una pita (p. 74). Por otro lado, el almidón que forma gran parte del pan, que durante la cocción se ha hinchado y gelatinizado con el calor y la humedad de la masa, vuelve a su estado original, que es muy duro. Este proceso se llama retrogradación (perdón por el tecnicismo) y sucede en paralelo al secado natural del que hemos hablado antes.

Revivir el pan

A diferencia del secado, la retrogradación se puede revertir. ¿Cómo? Muy sencillo: vuelve a exponer el pan al calor. Si te fijas, una tostada de pan de ayer o anteayer vuelve a estar jugosa en su centro al ganar calor en la tostadora. Lo bueno es que este proceso sucede igual (incluso mejor) en piezas grandes. Te recomiendo hacer varias piezas de pan, ya sean grandes o pequeñas, y, al cabo de unos días, volver a meter el pan entero (congelado o sin congelar) al horno unos 15-20 min a 200 °C. He llegado a hacer hogazas que, olvidadas en el cajón, al cabo de una semana, estaban como recién hechas tras hornearlas otra vez. Ese tiempo en el horno consigue que la miga se caliente y se vuelva a poner tierna y jugosa, y encima seca un poco la corteza, que vuelve a crujir. De hecho, uso esta técnica a menudo cuando llevo un pan a casa de amigos para comer. Hago el pan el día antes (o varios días antes) sin prisa ninguna, y el día que he quedado lo meto 20 min al horno un rato antes de ir a casa de mis amigos. Cuando llego, el pan está crujiente y jugoso, sin estar caliente, ya que tampoco ha recibido muchísima temperatura.

Aunque mucha gente guarda el pan en la nevera, en realidad el frío facilita que se quede viejo, ya que a esta temperatura el almidón se retrograda con más facilidad. Tal vez la excepción es la bollería.

Congelar pan

Por último, no olvides que un buen pan bien congelado sigue siendo un buen pan. El pan congelado es uno de los falsos mitos del pan: el pan congelado es tan malo o bueno como lo fuese antes de congelarlo (siempre que lo hayas congelado y descongelado bien). Congela el pan lo antes posible, en cuanto se enfríe, no lo dejes dos días al aire antes de ir al congelador. Y, por otro lado, asegúrate de que está metido o envuelto en un contenedor hermético, ya que el congelador es un especialista en secar. Si usas una bolsa con agujeros, no solo se secará, sino que además cogerá los olores de la nevera. Esta capacidad del pan de absorber aromas también hay que tenerla en cuenta a la hora de escoger un trapo en el que guardarlo para consumo diario: no uses detergente o suavizante, ya que el pan absorberá su sabor.

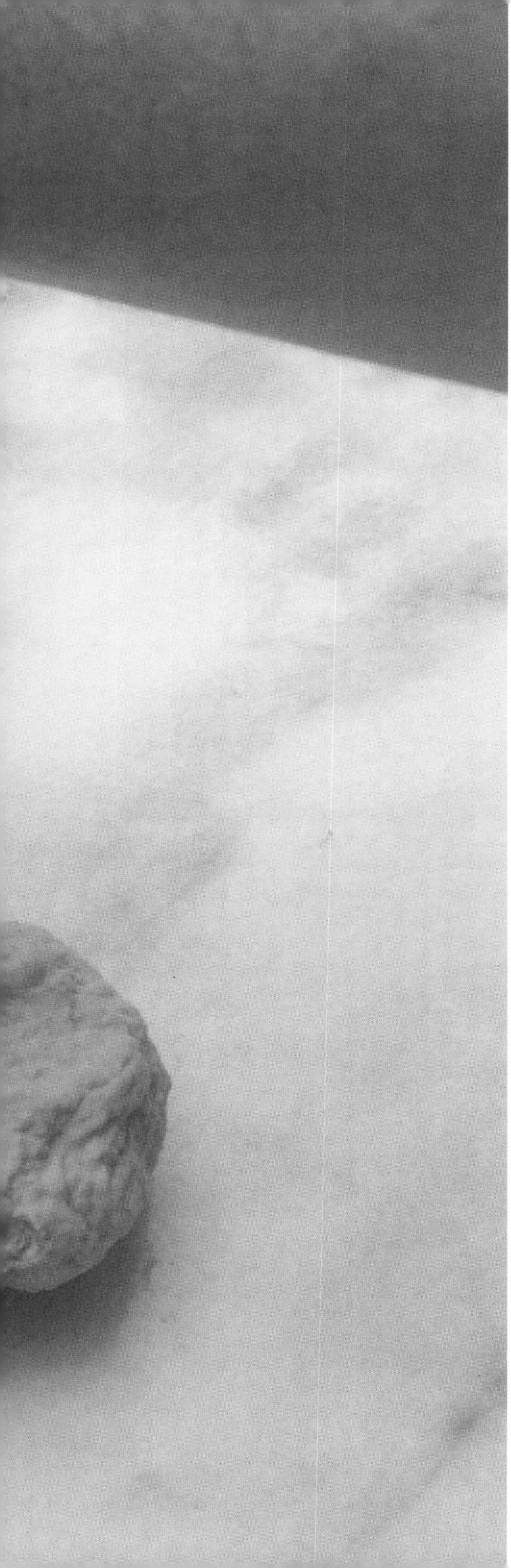

1. AMASADO

Presentación

¿Para qué amasamos una masa? ¿Es verdaderamente necesario amasar? ¿Qué pasa si no amasamos? ¿Cómo se amasa cada masa?

En los apartados de manipulación y amasado del capítulo de introducción, puedes ver las técnicas básicas para manipular, plegar y amasar las distintas masas. Estudia y practica esos gestos y observa el efecto que tienen en las distintas masas. No te quedes en las indicaciones de tiempo de las recetas: toca la masa en cada paso del proceso, memoriza su textura y cómo va cambiando, cómo le afectan los cambios de temperatura, las variaciones en tipos de harina o cantidad de agua, etc. La experiencia sensorial es crucial a la hora de hacer pan, y la memoria táctil es esencial a la hora de amasar.

Para que aprendas a amasar y reflexiones sobre las distintas opciones de que dispones, en este capítulo te presento cuatro masas: una carece por completo de amasado, otra carece de amasado, pero recibe pliegues durante la fermentación, otra se amasa sobre la mesa al modo tradicional y otra es tan húmeda que necesita de una técnica alternativa: el amasado para masas húmedas. Con estos cuatro enfoques puedes amasar prácticamente cualquier masa de pan que te encuentres.

¿QUÉ SUCEDE EN CADA CASO? ¿CUÁLES SON LAS DIFERENCIAS EN EL RESULTADO?

Masa sin amasado

La primera masa es una receta minimalista para animar a hacer pan a todo el mundo, aunque no hayan tocado harina en su vida. Básicamente, no hay que hacer nada (¡es la negación del pan!): no hay que amasar, ni plegar, ni formar. ¿Cómo es ese pan que tiende a cero? La masa no recibe aporte ninguno de fuerza ni estructura, ya que se eliminan el amasado y los pliegues durante la fermentación. De hecho, no se forma al modo tradicional sobre la mesa, sino que la masa se vuelca en un bol con un trapo y, solo ahí, se traen los bordes de la masa hacia el centro, como formando un hatillo, a modo de «formado sin formar» (una idea fascinante que veremos en más detalle en el capítulo dedicado al formado). Como verás, a pesar de negarle el trabajo, el tiempo consigue un desarrollo del gluten y el pan es esponjoso, aunque (como es lógico) tiene un pero. Los panes elaborados así tienen facilidad para acabar siendo algo planos, por lo que has de concentrarte en el único punto en el que intervienes: hacer el hatillo con la masa. Es la única oportunidad que tienes de mejorar su estructura. Es increíble que con un tiempo de trabajo total que se cuenta en segundos puedas hacer un pan así. Una receta tan sencilla como increíble.

¿Cómo mejorar el pan?

Muy sencillo, dándole un poco de estructura a base de pliegues. De ese modo conseguirás que la harina se pueda expresar mejor y podrás sacar todo su potencial. En la segunda receta, la rosca, usamos una masa algo más húmeda (lo que, paradójicamente, facilita los pliegues), y el resultado, con un poco más de intervención por tu parte (simplemente 4 pliegues), es espectacular. Creo que observar cómo la masa va cobrando vida y ganando finura es una lección reveladora, al igual que cortar una rebanada del resultado final.

Masas intermedias

En algunos casos es bueno tener en tu «caja de herramientas panaderas» unos buenos recursos de amasado. Aunque, como acabamos de ver, no es esencial amasar, es bueno saber hacerlo. Puede que un día no tengas tiempo para darle pliegues a tu masa y quieras dejarla lista en unos pocos minutos, entonces amasar de corrido es una buena opción. Para masas que no se peguen mucho, como los bollos multiusos, esta técnica es perfecta. La receta indica que amases de corrido unos 7-10 min, pero recuerda que haces pan para disfrutar, así que tómate un descanso o dos a mitad de amasado si ves que se te hace cuesta arriba. Dejar que la masa repose 5 min siempre le va a venir bien, cuando vuelvas a amasarla estará mejor. Esta idea puedes aplicarla prácticamente siempre: tienes la opción de amasar de corrido (lo cual es rápido) o bien amasar a intervalos (lo cual puede ser muy útil, además de sencillo).

El desafío de las masas húmedas

En realidad, con lo aprendido en la receta de rosca amasada a pliegues, casi podrías sacar adelante todas las recetas que te encuentres, pero es buena idea que adquieras un buen gesto de amasado de masas húmedas. Para empezar, porque así puedes ser eficiente y dejarlas listas en poco tiempo, pero también porque ese gesto (que no es otra cosa que un pliegue en movimiento) te permite «domar» cualquier masa sobre la mesa, ya sea para darle estructura si está floja o para dejarla preformada y lista para el formado final. Si te gusta la bollería, el amasado de masas húmedas será tu mejor aliado.

Practica las recetas y observa las sutiles diferencias en el comportamiento de cada una de las masas. Selecciona la técnica que mejor se adapte a ti, a tu ritmo de vida y a la masa que quieras trabajar. Recuerda: se trata de disfrutar.

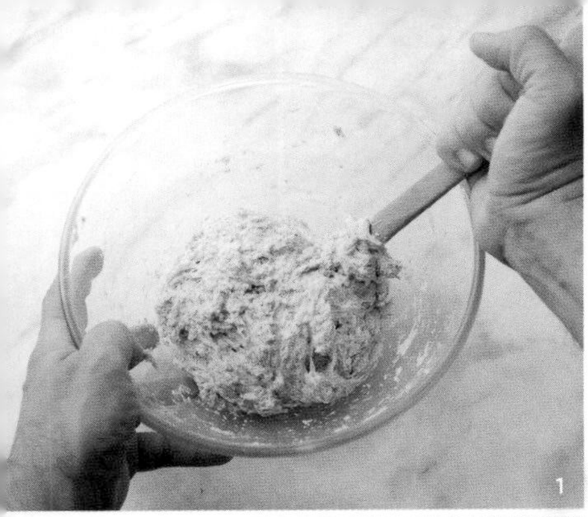
1

2
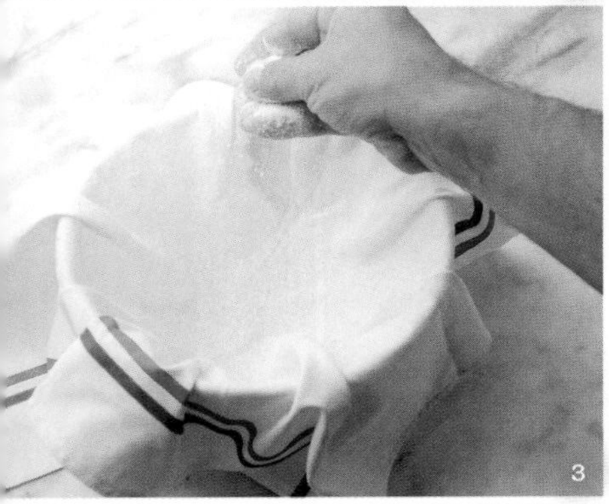
3
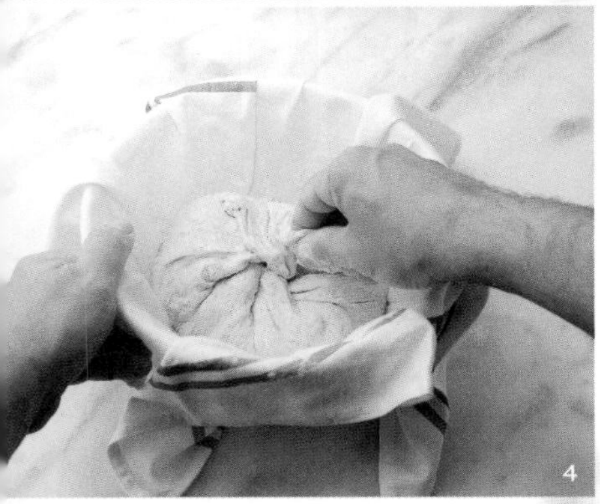
4

5

6

Sin amasado ni pliegues

Hogaza mínima

Ingredientes

350 g de harina panificable (o mezcla de floja y de fuerza a mitades)
150 g de harina integral de trigo (mejor molida a la piedra)
340-350 g de agua (tibia en invierno, fresca en verano)
10 g de sal
1 g de levadura fresca (equivalente a 1 garbanzo) y 2 g en invierno o, si es seca, un tercio de estas cantidades

¿POR QUÉ ES INTERESANTE ESTA RECETA?
Nos muestra que, incluso eliminando prácticamente todo lo que hace que el pan sea pan, se consigue un pan. Es un pan humilde y sin pretensiones de ser una gran revolución, más allá de la que pueda suponer para ti entender los pasos y técnicas.

Es un pan comodísimo: no mancha, fermenta mientras duermes, pero no te hace falta sitio en la nevera (eso lo veremos más adelante).

VARIACIONES
Este pan sin duda ganaría estructura y volumen si le dieras 3 o 4 pliegues, como en la siguiente receta.

Este es un pan mínimo, esencial, una hogaza sencilla que prescinde de los pasos más habituales de las recetas de pan: no hay amasado ni pliegues, ni siquiera hay formado sobre una mesa enharinada. Además, emplea una sencilla pero efectiva técnica minimalista para hornear. Un pan para quien nunca ha hecho pan.

Método

Prepara la masa por la noche y deja que fermente hasta la mañana siguiente (10-12 h). Como no hay amasado, disuelve primero la sal y la levadura en el agua y añade después las harinas. Revuelve todo con el mango de una cuchara de madera grande (1). Es todo lo que tienes que hacer. Deja la masa en el bol tapado con una tapa (un gorro de ducha o film, mejor que un trapo).

Al día siguiente la masa habrá crecido notablemente (2). Forra un bol de unos 2,5-3 l de capacidad con un trapo y enharínalo bien; no racanees con la harina porque corres el riesgo de que la masa se pegue (3). Vuelca la masa en el bol con trapo y lleva los bordes de la masa hacia el centro, haciendo un hatillo (4).

Fermenta de 1.00 a 1.30 h en un sitio cálido. Cuando haya ganado algo de volumen y esté esponjosa (5), vuelca la masa sobre una hoja de papel de hornear, retira el bol y el trapo con sumo cuidado y dale cuatro cortes formando un rectángulo (6).

Enhorna el pan a 250 °C, calor arriba y abajo, con una bandeja metálica en la posición intermedia (para el pan) y otra en la base del horno (para el agua). Echa unos 200 ml de agua caliente en la bandeja correspondiente y cierra la puerta. Apaga el horno por completo y déjalo así durante 15 min. Abre la puerta, retira la bandeja del agua y enciende el horno a 210 °C, calor arriba y abajo, y continúa la cocción durante otros 35-45 min más.

1

2

3

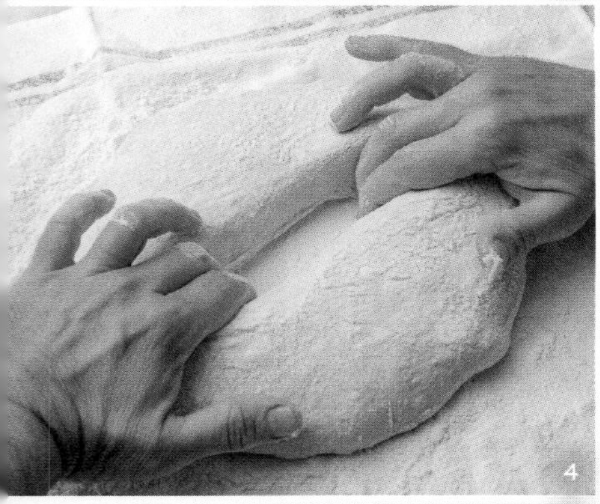
4

5

6

Amasado a pliegues

Rosca rústica sin amasado

Ingredientes

450 g de harina de fuerza
100 g de harina integral de centeno (mejor molida a la piedra)
50 g de harina integral de trigo (mejor molida a la piedra)
480-500 g de agua (tibia en invierno, fresca en verano)
12 g de sal
3 g de levadura fresca (equivalente a 3 garbanzos) o 1 g de la seca

En esta rosca introducimos el gesto del pliegue, que tiene una importancia clave, ya que funciona como «amasado sin amasar». Repetido a intervalos, puede desarrollar el gluten de forma muy efectiva, además de dar estructura y volumen a la masa. El uso de harinas integrales aporta profundidad al sabor, lo que, unido a la gran proporción de corteza respecto a la miga, consigue un pan muy sabroso.

Método

Como es un pan sin amasado, disuelve primero la sal y la levadura en el agua y añade después las harinas. Revuelve todo con el mango de una cuchara de madera grande (1). Déjalo reposar unos 15 min para que los ingredientes se cohesionen.

Pliega la masa, estirando suavemente y plegándola sobre sí misma, gira el bol 90° y repítelo (p. 22) (2). Espera 30 min y da un segundo pliegue. Vuelve a repetir el descanso y pliegue otras dos veces, separadas por 30 min cada vez (hasta completar 4 pliegues). La masa irá ganando cuerpo y finura.

Espera 60 min y bolea la masa muy suavemente sobre la mesa enharinada. Trae los bordes de la masa hacia el centro (como para formar un hatillo) y dale un poco de tensión (3).

Deja la masa reposando en una tela muy enharinada. Espera 60 min y haz un agujero en el centro de la masa, metiendo dos dedos y estirando suavemente para agrandar el agujero (4). Transfiere la rosca a una hoja de papel de hornear (5) y dale cuatro cortes (6).

Enhórnala a 250 °C, calor arriba y abajo, con vapor durante 20 min (p. 32), y luego baja a 215 °C y continúa otros 35 min más.

¿POR QUÉ ES INTERESANTE ESTA RECETA?

Muestra el poder casi mágico del pliegue, según pasa el tiempo y plegamos es como si alguien amasara por nosotros.

Nos introduce sin miedo en las masas de mayor hidratación.

VARIACIONES

El centeno le da un gran sabor y una corteza muy aromática. Si añades unas pasas, puede ser una pieza festiva incomparable.

Esta receta ganaría en sabor con el empleo de algún tipo de fermento (p. 20), y su miga sería más abierta con el uso de la autolisis que se enseña en la siguiente receta.

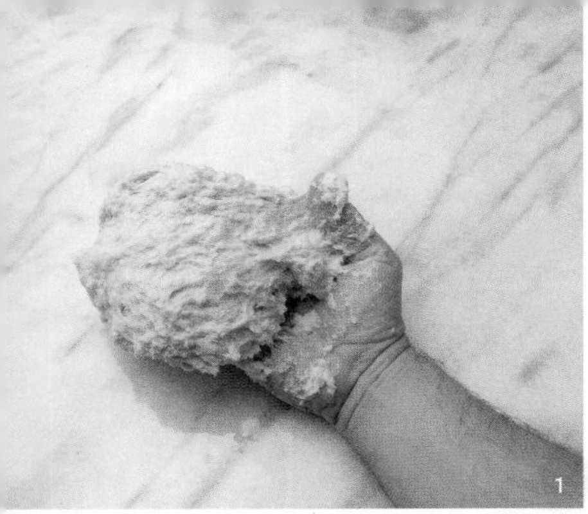
1

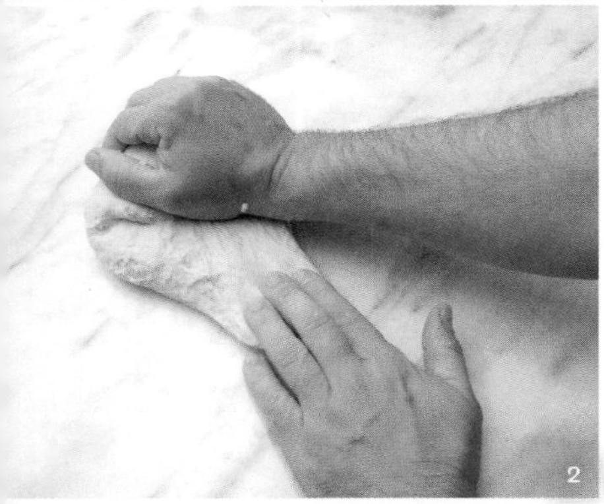
2

3

4

5

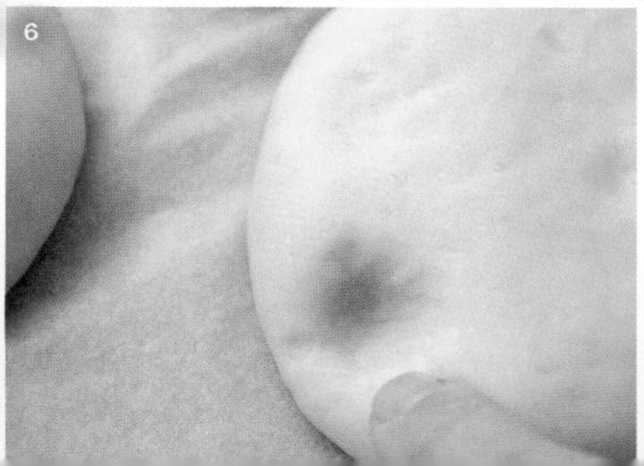
6

7

Amasado de una masa sólida

Bollos multiusos

Ingredientes

400 g de harina panificable (o mezcla de floja y de fuerza a mitades)
65-75 g de leche
65-75 g de agua
20 g de aceite suave
40 g de azúcar
50 g de huevo (1 mediano)
8 g de sal
10 g de levadura fresca o 4 g de la seca

¿POR QUÉ ES INTERESANTE ESTA RECETA?

Esta masa enriquecida sutilmente es ligera, tierna y muy útil; funciona muy bien tanto en bollo como en molde. Abre la puerta al amasado sobre la mesa.

VARIACIONES

En lugar de amasar «de corrido», puedes hacer intervalos de 30 s de amasado y 3-5 min de reposo.

Esta masa se presta a usar la nevera en la primera fermentación. Dejas la masa amasada y lista, y al día siguiente solo tienes que formar y fermentar cuando te venga bien.

En este tipo de masa, es clásico usar un fermento previo (p. 20), ya que mejora el resultado en varios aspectos (estructura, conservación, sabor).

En esta masa de hidratación intermedia vemos el amasado más tradicional sobre la mesa. Aplastar, hacer rodar la masa y girarla para repetir el gesto tiene un efecto directo sobre la masa: desarrolla el gluten en unos pocos minutos. En esta masa enriquecida, la textura es muy agradable, y el resultado, sedoso. Un bollo multiusos para dulce, salado, hamburguesas, desayunos y lo que quieras.

Método

Mezcla todos los ingredientes en un bol, la masa será algo pegajosa (1). Espera 15 min antes de ponerte a amasar.

Amasa sobre la mesa, sin usar harina (p. 26). Pliega la masa sobre sí misma y hazla rodar con suavidad sobre la mesa. Gírala 90º y vuelve a repetir el gesto (2). Amasa durante unos 7-10 min., hasta que la masa quede sedosa.

Fermenta entre 1.30 y 2.00 h, hasta que la masa haya pasado del doble de su volumen (3). Divide en porciones de 90-100 g y boléalas girándolas sobre la palma (4), con buena tensión (pero sin pasarte), hasta que estén bien redondas.

Colócalas en una hoja de papel de hornear, deja que fermenten unos 20-30 min y aplástalas con la palma de la mano (5). Fermenta de nuevo de 1.30 a 2.00 h, hasta que esté tan hinchada que al presionar con el dedo apenas reaccione la masa (6).

Pincela los bollos con huevo batido y haz una cocción breve, unos 7 min a 220-240 ºC, calor arriba y abajo. Ajusta el tiempo de cocción según tu horno, pero asegúrate de que la corteza queda fina y la miga jugosa (7).

1
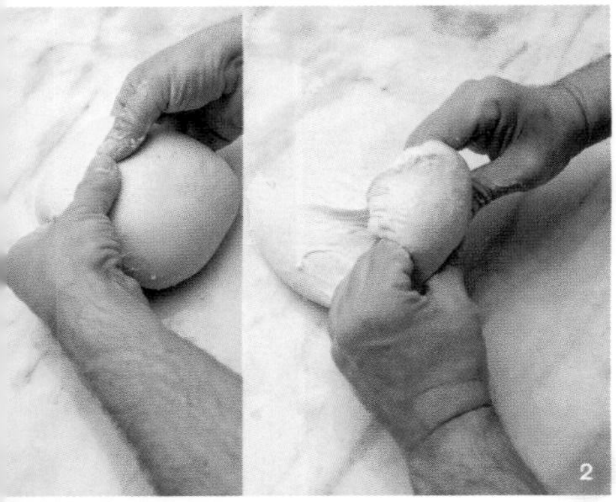
2
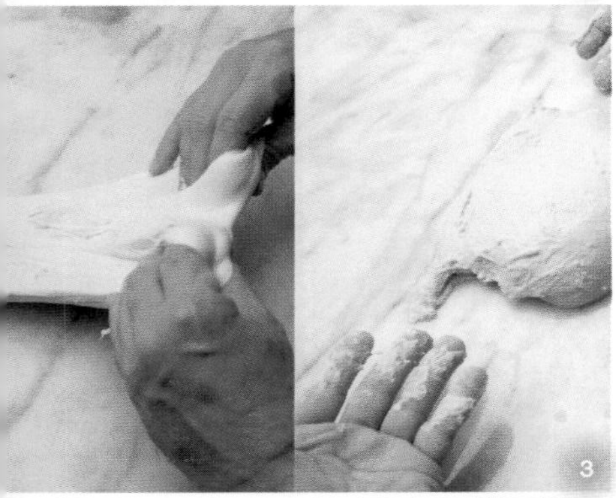
3

4

5

6

Amasado de una masa húmeda (con autolisis)

Chapatitas con aceitunas y orégano

Ingredientes

250 g de harina panificable (o mezcla de floja y de fuerza a mitades)
200 g de harina de fuerza
340-360 g de agua
8 g de sal
3 g de levadura fresca (equivalente a 3 garbanzos) o 1 g de la seca
10-20 g de agua para ayudarte a incorporar la levadura y la sal
75 g de aceitunas negras deshuesadas
1 cucharada de orégano

¿POR QUÉ ES INTERESANTE ESTA RECETA?

Introduce el gesto de amasado de masas húmedas, que sirve para dominar un gran abanico de panes, desde chapatas y panes rústicos a brioche, roscón, etc.

Ofrece un pan muy atractivo para ocasiones especiales y que se presta a mil variaciones en relleno y especias.

VARIACIONES

Puedes incorporar aceite de oliva y una parte de harina integral para dar mayor profundidad al sabor, y también un fermento (una biga, como en las chapatas de la p. 80).

Prueba a dar color a las chapatitas usando pimentón, cúrcuma o harina de algarroba.

Las masas húmedas son un gran reto. Para amasarlas, puedes dar pliegues (como en la rosca rústica) o bien amasarlas de corrido con una técnica distinta a la de las masas secas. Para manipularlas, intenta que tus manos toquen la masa de forma suave, pero decidida y rápida. Esta receta también introduce la técnica de la autolisis, que facilita el amasado.

Método

Mezcla las harinas con el agua (1) y deja que la masa repose 40 min. Este periodo (autolisis) hará que la masa se cohesione y mejoren sus características plásticas. Tras 40 min, añade la sal y la levadura (puedes ayudarte con 10-20 g de agua para que se disuelvan e incorporen mejor) y mézclalas bien.

Para amasar, mójate las manos y sostén la masa como si fuera un bloque (2), tira con decisión para levantarla de la mesa, después golpea la mesa con la parte inferior de la masa mientras traccionas hacia ti y la estiras (3). Por último, arrójala haciendo que tus manos se liberen de ella (p. 26). Repite el amasado durante unos 5 min, hasta que la masa esté fina.

Unta con un poco de aceite la mesa, estira la masa y coloca las aceitunas deshuesadas (y en trozos, si son grandes) y el orégano. Pliégala como un tríptico para que el relleno quede distribuido (4).

Fermenta entre 2.30-3 h, dando un pliegue tras la primera hora. Cuando la masa haya casi triplicado su volumen (5), pásala a una mesa muy enharinada, espolvorea harina por encima y divídela en unas 10 o 12 piezas con una rasqueta o cuchillo grande, cortando como si fuera una guillotina (6).

Pasa las piezas a una hoja de papel de hornear y cuécelas en un horno a 250 °C, calor arriba y abajo, durante un total de 15-17 min, con vapor durante los primeros 5 min (p. 32).

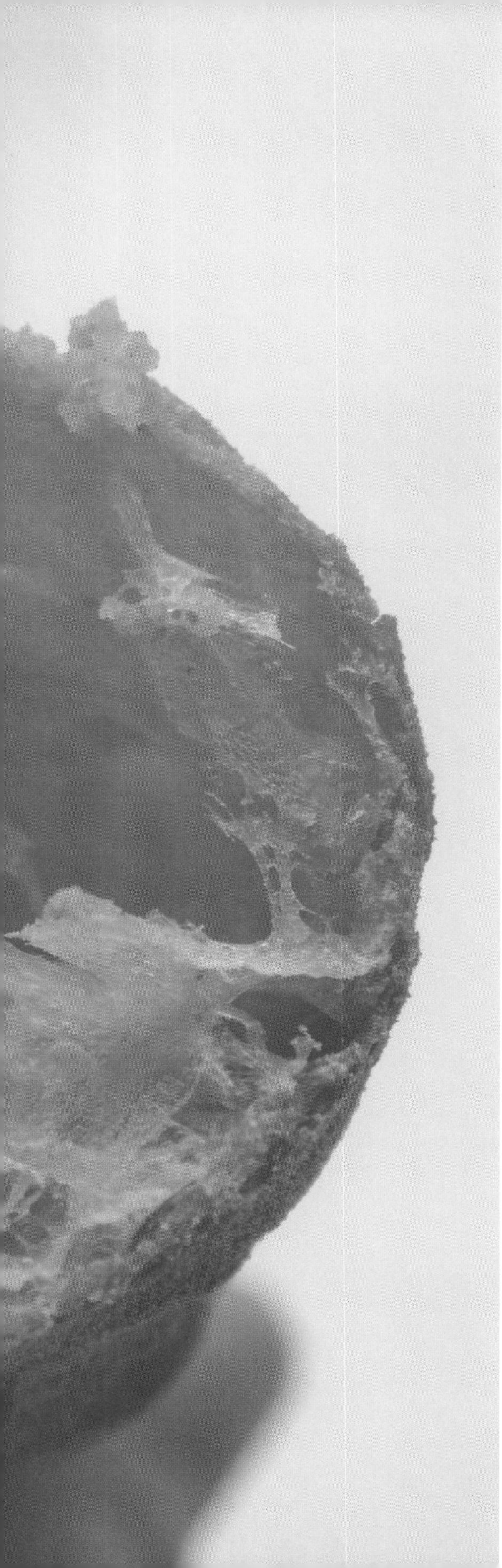

2. HIDRATACIÓN

Presentación

¿Cuánta agua hay que usar para hacer pan?

Una de las lecciones más importantes de este libro: destierra las sobadas ideas de que hay que «echar harina hasta que la masa no se pegue a las manos» o «añadir el agua que admita». Estas indicaciones son terriblemente limitadas y ocultan la variedad del maravilloso mundo del pan. Igual que hay arroces secos, melosos y caldosos, hay panes que emplean más o menos agua en su masa. Si siempre usas la misma cantidad de agua, nunca descubrirás los infinitos matices de textura y sabor que puedes conseguir con el ingrediente más barato de todos.

Al cambiar la cantidad de agua, alteras la estructura de la miga, y piensa que la corteza del pan no es más que miga expuesta directamente al calor del horno, por lo que la cantidad de agua también condiciona la corteza. Al cambiar la miga y la corteza, cambias el sabor del pan. Cambiar la cantidad de agua en la receta es una de las decisiones con mayores implicaciones de todo el proceso panadero.

DISTINTAS HIDRATACIONES, DISTINTOS PANES

Al añadir más o menos agua a una harina, cambias el resultado en la masa fina. Por otro lado, cada harina tiene una capacidad distinta de absorción (la de fuerza absorbe más agua que la floja; la integral, más que la blanca; la de centeno, más que la de trigo; etc.). Por todo ello, parece esencial considerar el uso de distintas cantidades de líquido para la receta (como se muestra en varias recetas, puedes hidratar la harina con muchas más cosas que agua).

Masas con poca agua

Las masas elaboradas con poca agua suelen ser más firmes y dan como resultado una miga de alveolos menores. Ojo, porque esto no quiere decir que el pan sea menos esponjoso. El pan candeal (sobado, bregado) de este capítulo está lleno de miles de alveolos diminutos que hacen que sea esponjoso, igual que los bollos al vapor (p. 136). Curiosamente, una masa densa como la del candeal suele dar panes de muy buena conservación. De hecho, la masa del candeal a veces es tan seca que resulta difícil amasarla como el resto de masas, por lo que se recurre al sobado, bregado o refinado para el amasado, lo que le da su personalidad y nombre.

Muchos panes arcaicos como el brezel de este capítulo o los bagel (p. 140) tienen masas de hidratación baja que resultan bastante firmes. No es casualidad; por un lado, muchos trigos antiguos eran más flojos que los actuales, por lo que no admitían tanta agua, y además estas masas tan duras son necesarias para soportar los curiosos pasos del proceso que les dan la personalidad, como el sorprendente baño en sosa cáustica de los brezel, que les confiere su característico color, sabor y textura.

Masas intermedias

Las masas intermedias pueden servir para distintos tipos de panes. El pan de molde de este capítulo es una receta canónica: ligeramente enriquecido y con una masa no muy blanda, consigues unas rebanadas ideales para aguantar la carga de humedad de un sándwich. El resultado es una miga no muy abierta, ya que a la hidratación contenida se le suma una manipulación intensa para evitar grandes agujeros por los que se colaría la mermelada. Sin embargo, con una masa intermedia similar, la torta de aceite logra un resultado sorprendentemente abierto: una miga irregular y con buenos alveolos. ¿El secreto? La manipulación. Aunque aumentar la cantidad de agua sea una forma sencilla de conseguir migas abiertas, no es la única; es algo a tener en cuenta.

Masas húmedas

Este libro intenta ser un manual asequible para enseñar paso a paso, por eso he prescindido de algunas recetas complejas de mayor dificultad (cruasán, panettone, etc.). En ese sentido, las masas muy hidratadas suelen suponer un mayor desafío, ya que cuesta más manipularlas (aunque hemos visto recursos para conseguirlo en el capítulo de introducción). En el barrote rústico con pasas y nueces, aumentamos la hidratación, pero no es una masa muy complicada por algo importante: tanto la harina integral como las frutas secas absorben más agua (una lección esencial). Por último, la masa de las barritas de pan de agua es uno de los mayores retos de este curso. Usa una harina bien fuerte y no olvides la técnica de la autolisis, que hará que la masa integre mejor el agua y adquiera más fuerza.

Usa agua del grifo

Una última nota esencial respecto a la hidratación de las masas. Contra lo que mucha gente piensa (con los años he aprendido que no puedes hacer nada contra los prejuicios de la gente, así que ya no discuto, solo hago pan), puedes hacer pan con cualquier agua. Las aguas del grifo son fantásticas para hacer pan. Aunque hay muchas zonas donde el agua de grifo tiene mala fama (como Alicante, Valencia o Barcelona), he usado agua del grifo de Huelva a Mallorca y de Murcia a Lugo, de Buenos Aires a Tenerife, y el pan siempre ha salido bien.

1

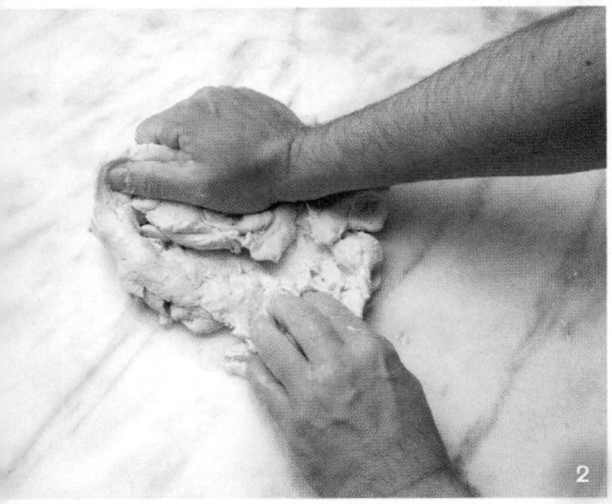
2

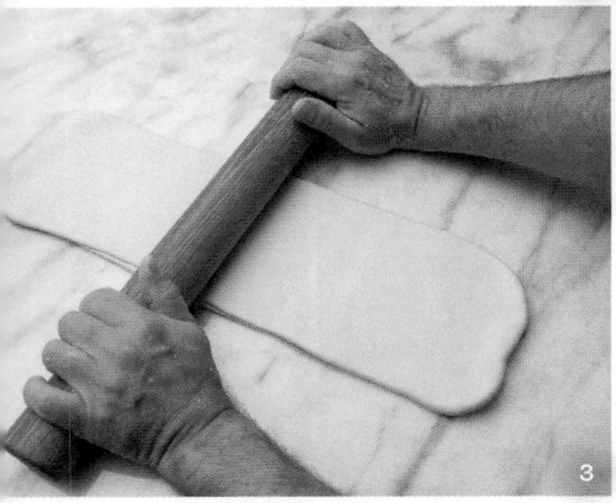
3

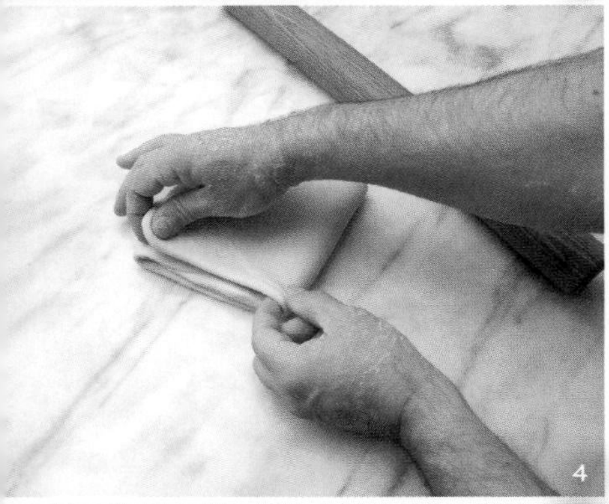
4

5

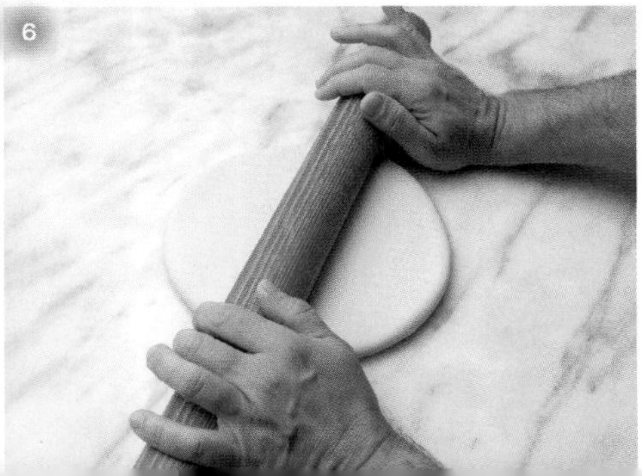
6

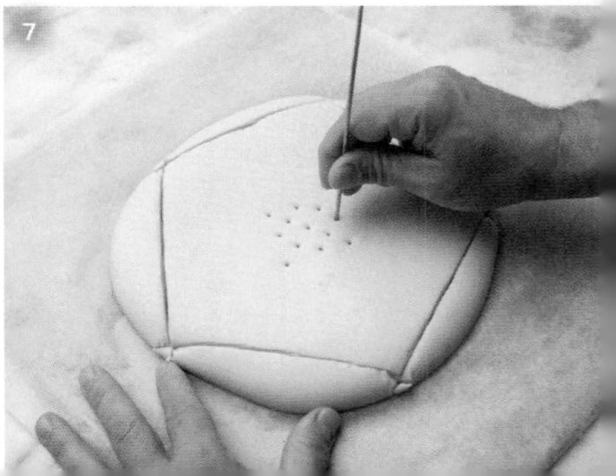
7

Masa de hidratación baja (técnica de refinado)

Pan candeal

Ingredientes

250 g de harina floja
125 g de agua
5 g de sal
2,5 g de levadura fresca (equivalente a 2 garbanzos y medio) o 1 g si es seca

El candeal (sobado, bregado) es uno de los panes tradicionales más extendidos de toda España y su alma es una masa de muy baja hidratación que cuesta amasar, por lo que se «refina», se soba, es decir, se pasa a rodillo o se usa una máquina sobadora para bregarlo. En esta sencilla versión usamos la técnica de autolisis para reducir el esfuerzo a la hora de refinar y conseguir su mágica miga de manera más fácil.

Método

Mezcla la harina con 110 g del agua hasta que formen una masa (1). Deja que repose 30 min. Disuelve la sal en 15 g de agua e incorpórala junto a la levadura (2), aprieta y aplasta lo necesario hasta que se integre por completo.

Con un rodillo, estira la masa hasta que mida 1 cm de grosor (3), pliégala en tres como un tríptico (4), gira 90° y vuelve a repetir el refinado unas 10-12 veces hasta que la masa esté sedosa; es típico que empiece a salir alguna burbujita (5). Rápidamente, sin dejar que fermente, bolea la pieza y aplástala hasta formar un disco, estíralo con el rodillo hasta que mida 2 cm de grosor (6).

Fermenta de 2.30 a 3 h, evitando que la masa quede expuesta al aire (métela en un armario). Los últimos 5-10 min puedes sacarla al aire para que le salga un poco de piel y así facilite el corte y mejore la corteza.

Dale 5 cortes profundos formando un pentágono y pincha en el centro con una aguja gorda para evitar que le salgan grandes burbujas (7).

Cuece el pan a 230 °C, calor arriba y abajo, sin vapor, durante 25-30 min.

¿POR QUÉ ES INTERESANTE ESTA RECETA?

Muestra una forma clásica de tratar las masas hipohidratadas (el candeal), pero con el truco de la autolisis para que sea más fácil.

Enseña cómo con harinas flojas se pueden conseguir panes estupendos de migas suaves y cremosas. Para obtener aún mejores resultados, busca harinas panaderas suaves (W150-180).

VARIACIONES

Puedes conseguir un pan con mayor corteza haciendo un corte en rejilla. Para que se abra bien, una vez hechos los cortes, estira suavemente el disco de masa para aumentar su diámetro y que los cortes se expandan más en el horno.

1

2

3

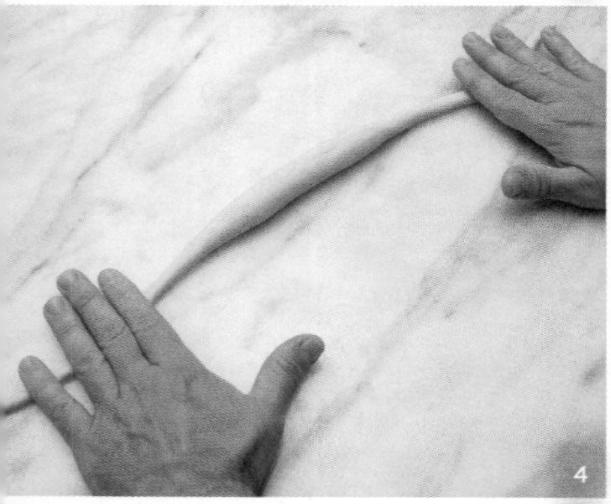
4

5

6

7

Masa de hidratación baja (técnica de baño)

Brezel (Laugenbrezel)

Ingredientes

500 g de harina panificable (o mezcla de floja y de fuerza a mitades)

250 g de agua

25 g de mantequilla o manteca de cerdo

10 g de sal

5 g de levadura fresca o 2 g si es seca

Para el baño de sosa (Laugen)

2 l de agua

80 g de sosa cáustica en perlitas

Las masas de hidratación baja (que no se pegan a las manos) corresponden en muchos casos a panes antiquísimos y a veces son una necesidad para someter la masa a un tratamiento especial, como pueden ser un baño. Los brezels (pretzel al otro lado del Atlántico) se bañan en una solución de sosa cáustica, lo que multiplica su dorado y les da un sabor y una textura única. Hacerlos en casa es asequible con un poco de cuidado.

NOTA: ¡ES IMPORTANTE USAR GUANTES, MÁSCARA Y GAFAS DE PROTECCIÓN!

Método

Mezcla todos los ingredientes hasta formar una masa, será algo seca (1). Déjala reposar 5 min y amasa de corrido sobre la mesa durante unos 5-10 min hasta que la masa esté fina (p. 26).

Fermenta unas 2.30 h (2) y divide en piezas de unos 90-100 g. Enróllalas primero en rulos de unos 10 cm (3) y, tras esperar 15 min, estíralas hasta que midan 50 cm, afilando los bordes y dejando el centro más grueso (4).

Para formar, trae las puntas al centro, debajo de la parte más gruesa, y crúzalas; después, levanta las puntas y pégalas en la parte donde el centro de la masa empieza a afinarse (5), creando dos brazos finos y crujientes y una panza gruesa y tierna.

Cubre una bandeja con tela y deja los brezels sobre la tela. Mételos a la nevera sin tapar (para que hagan algo de piel) durante 1 h. Mientras tanto, prepara el baño de sosa echando 80 g de sosa en perlitas a 2 l de agua fresca (y no al revés).

Pasada la hora en la nevera, sumerge los brezels uno a uno en el baño (6) y colócalos en una hoja de papel de hornear. Dales un corte a lo largo de la panza (7) y espolvorea un poco de sal gruesa. Cuécelos a 230 °C durante 10-12 min, hasta que tengan su típico dorado profundo.

¿POR QUÉ ES INTERESANTE ESTA RECETA?

Enseña que para someter la masa a manipulaciones especiales como baños o formados complejos (lazos, trenzas) es buena idea usar masas más secas. También nos abre la puerta a un sabor espectacular y un inusitado modo de hacer pan.

VARIACIONES

Puedes usar el baño de sosa para otros panecillos, piezas crujientes como picos e incluso cruasanes o piezas de bollería; conseguirás ese toque increíble.

1

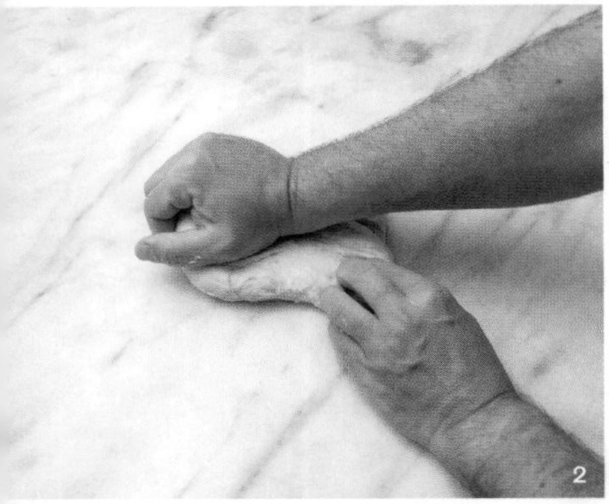
2

3

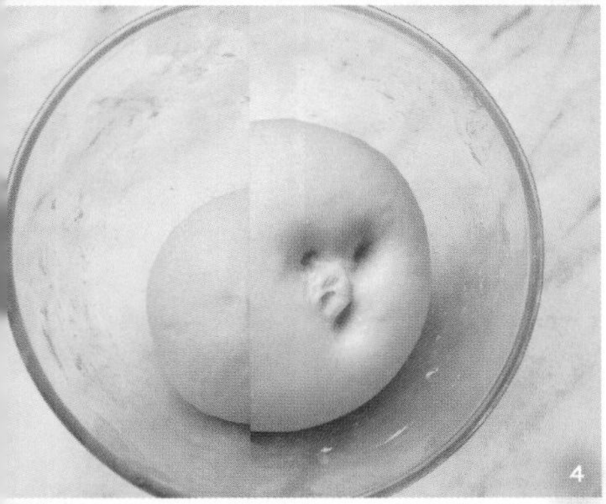
4

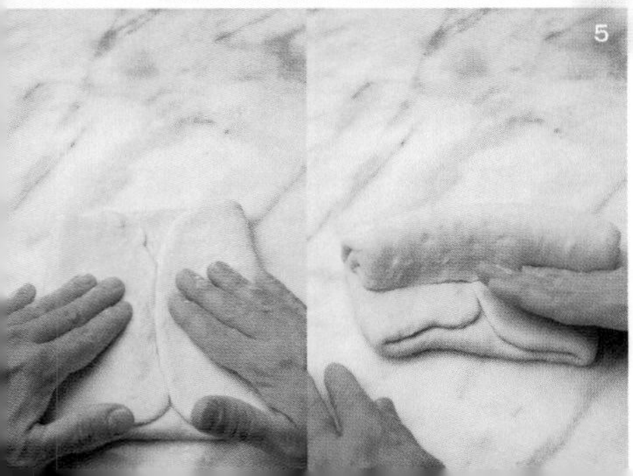
5

6

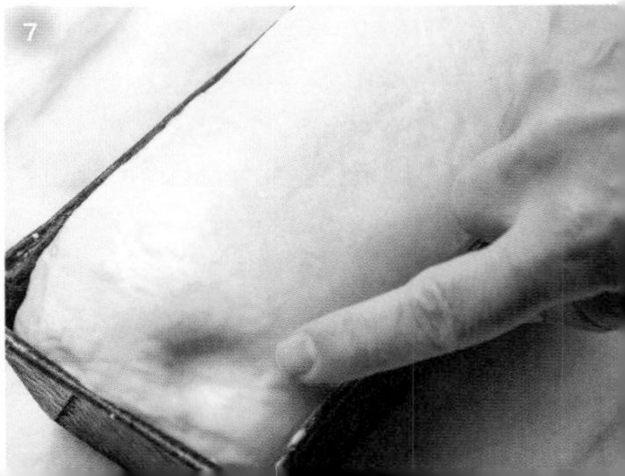
7

Masa de hidratación media

Pan de molde

Ingredientes

300 g de harina panificable (o mezcla de floja y de fuerza a mitades)
85 g de agua
85 g de leche
30 g de mantequilla
15 g de azúcar
6 g de sal
6 g de levadura fresca o 2 g si es seca

Leche para pincelar

El pan de molde clásico es una masa de hidratación intermedia. Aunque al principio la masa se pega un poco a las manos, se puede amasar cómodamente sobre la mesa. En este caso, va ligeramente enriquecida y el resultado es una miga tupida, pero muy esponjosa. El truco para que el pan tenga una preciosa bóveda y no se rompa en el horno es alargar la fermentación más allá del famoso «doble de volumen».

Método

Mezcla todos los ingredientes hasta formar una masa (1). Déjala reposar unos 10 min y amasa de corrido sobre la mesa durante 5-10 min (2) hasta que la masa esté fina (3).

Fermenta entre 1 y 1.30 h (4) y pasa la masa a la mesa ligeramente enharinada. Estírala hasta formar un cuadrado de 2 cm de grosor.

Para formar el pan, pliega los extremos de fuera hacia dentro, como un libro, y luego enrolla incorporando tensión hasta tener un rulo de la anchura de un molde de unos 20 cm (5).

Fermenta unas 2 o 2.30 h, hasta que haya pasado del doble de volumen (6) y, al apretar la masa con el dedo, el agujero se quede marcado y la masa apenas vuelva (7).

Pincélalo con leche y cuécelo a 210-220 °C, calor arriba y abajo, unos 30 min. Si tu pan va un poco justo de fermentación, puedes usar vapor durante los primeros 5-10 min.

¿POR QUÉ ES INTERESANTE ESTA RECETA?

Ejemplo clásico de masa intermedia con alveolatura intermedia.

Presenta el pan de molde canónico, ligeramente enriquecido y que va bien tanto con dulce como salado.

VARIACIONES

Cambia la harina blanca por integral, tanto parcialmente como por completo (añadiendo un poco más de líquido).También puedes introducir frutas y frutos secos o incorporar unos 50 g de patata cocida, que darán una gran jugosidad.

Divide la masa en dos partes iguales, añade colorante a una (jugo de frutos rojos, cacao, etc.) y enrollarlas para formar un pan de molde en espiral.

1

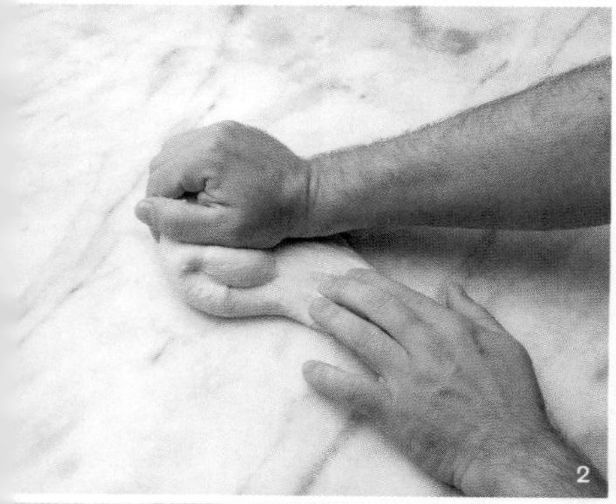
2

3

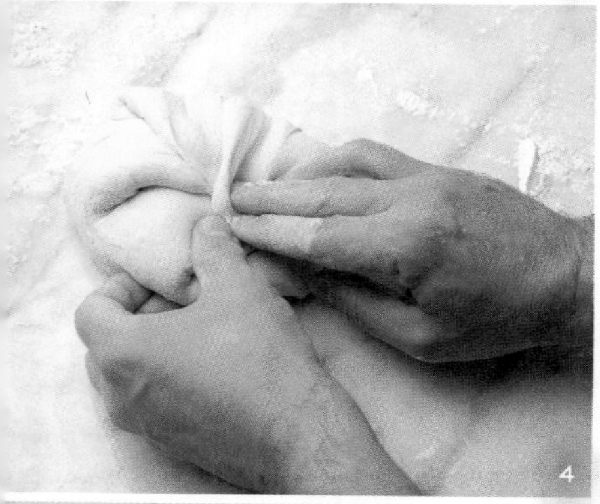
4

5

6

Masa de hidratación media con alveolatura abierta

Torta de aceite

Ingredientes

300 g de harina panificable (o mezcla de floja y de fuerza a mitades)
180-190 g de agua
6 g de sal
3 g de levadura fresca (equivalente a 3 garbanzos) o 1 g si es seca

Aceite de oliva para marcar

Aunque solemos vincular una hidratación contenida con una miga tupida y pensar que, para tener buenos alveolos, hace falta emplear una hidratación alta, en realidad, con la manipulación adecuada se puede conseguir una estructura abierta con una cantidad intermedia de agua y una harina de poca fuerza.

Método

Mezcla todos los ingredientes hasta formar una masa (1). Déjala reposar 5-10 min y amasa de corrido sobre la mesa durante unos 5-10 min hasta que la masa esté fina (2).

Fermenta unas 2.30 h (3), pasa la masa a la mesa ligeramente enharinada y boléala con delicadeza, haciendo un hatillo con la masa, pero sin desgasificarla demasiado (4).

Deja que fermente 1 h, pásala a una hoja de papel de hornear. Echa un buen chorro de aceite de oliva y bájala apretando con las yemas de los dedos (5). Deja que fermente otra hora más y repite el marcado con los dedos.

Cuece la torta con el horno a 250 °C, calor arriba y abajo, durante unos 20 min o hasta que tenga un dorado atractivo. Puedes usar vapor durante los primeros 5 min para conseguir más brillo, pero no es crítico.

¿POR QUÉ ES INTERESANTE ESTA RECETA?

Muestra cómo una alveolatura irregular e interesante no está reñida con una hidratación bastante contenida, y también que no hacen falta harinas de fuerza descomunal para conseguir una estructura seductora.

VARIACIONES

La torta sirve de base para «focaccizarla» y añadir innumerables ingredientes (verduras, embutidos, pescados, hierbas aromáticas, quesos).

La masa ganaría con el uso de un fermento; simplemente descuenta 100 g de harina y 60 g de agua de la fórmula y ferméntalos toda la noche con 1 g de levadura fresca.

1

2

3
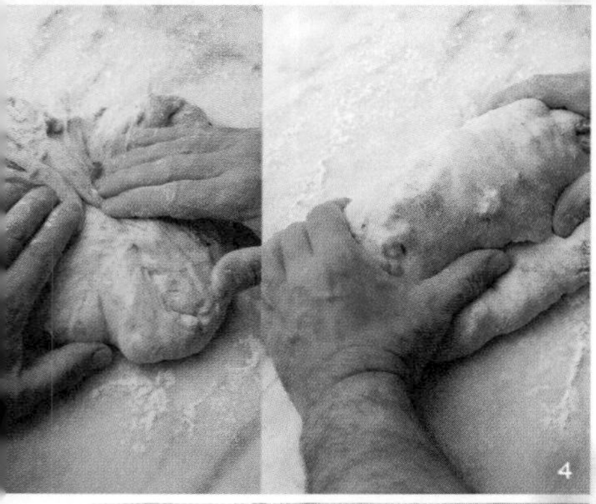
4

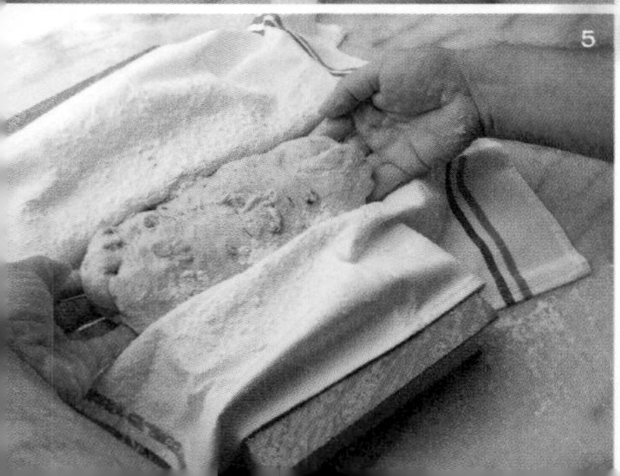
5

6

Masa de hidratación media/alta

Barra rústica con pasas y nueces

Ingredientes

- 200 g de harina panificable (o mezcla de floja y de fuerza a mitades)
- 150 g de harina fuerte
- 100 g de harina integral de trigo (mejor molida a la piedra)
- 330-350 g de agua
- 9 g de sal
- 3 g de levadura fresca (equivalente a 3 garbanzos) o 1 g si es seca

- 80 g de pasas
- 80 g de nueces peladas

¿POR QUÉ ES INTERESANTE ESTA RECETA?

El agua no solo hidrata la harina, sino también los frutos secos. Además, las harinas integrales y las de fuerza absorben más, por lo que para panes rústicos a menudo tienes que empezar con masas algo húmedas, por eso la cantidad de agua puede ser un tanto engañosa.

VARIACIONES

Usa algún tipo de fermento, mejorará el sabor, el aroma, la corteza, la estructura y la conservación. Incorpora centeno, sube la proporción de harina integral.

Cambia los frutos secos y anímate a usar la nevera para la segunda fermentación.

Los panes rústicos de miga jugosa y húmeda suelen requerir de una cantidad de agua que hace que la masa se pegue a las manos notablemente. Si en ese momento añades harina, el resultado variará y no será lo que esperas. Esta barra sigue un buen método para obtener un pan sabroso y aromático. No seas tacaño con el agua y no te pases en la segunda fermentación.

Método

Mezcla las harinas con el agua (reserva 20 g para luego, por si acaso) ayudándote del mango de una cuchara (1). Deja que la masa repose 40 min. Este periodo (llamado autolisis) hará que se cohesione y mejoren sus características plásticas.

Tras los 40 min de reposo, añade la sal y la levadura (puedes ayudarte con 10-20 g de agua para que se disuelvan e incorporen mejor) y mézclalas bien. En este caso propongo amasar a intervalos: 30 s de amasado, 10 min de reposo (2); haz 3 o 4 repeticiones.

Una vez amasada, incorpora los frutos secos. Extiende la masa, distribúyelos homogéneamente, corta la masa por la mitad, superpón una parte a la otra y repite este gesto dos o tres veces (3).

Fermenta unas 2.30 h (con un pliegue, pasada la mitad del tiempo). Forma un barrote sobre la mesa enharinada (4): trae los bordes de la masa hacia el centro primero y enróllala después (p. 28). Fermenta la barra sobre una tela muy enharinada y apoyada por un par de libros o similar (5). Fermenta unos 50-60 min.

Antes de hornear, vuelca la barra sobre una hoja de papel de hornear, da dos cortes paralelos al bies, con el cuchillo inclinado como se indica en la imagen (6). Cuécela a 250 °C, calor solo abajo, con vapor durante 20 min, y después otros 40-45 min a 210 °C, sin vapor, calor arriba y abajo.

1

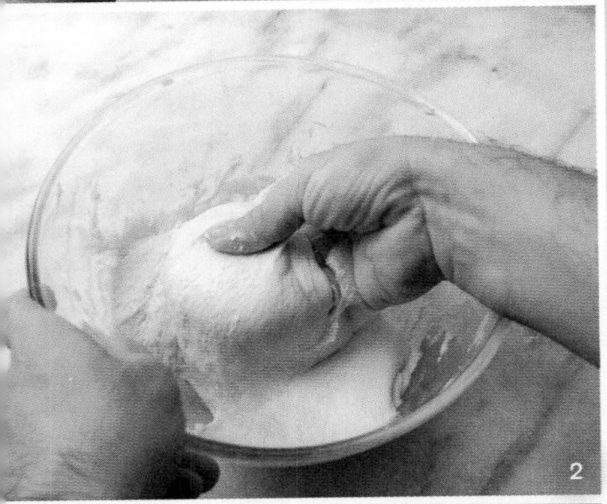
2

3

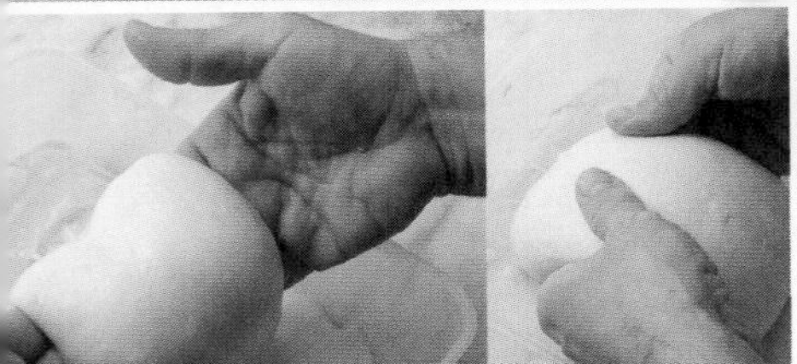
4

5

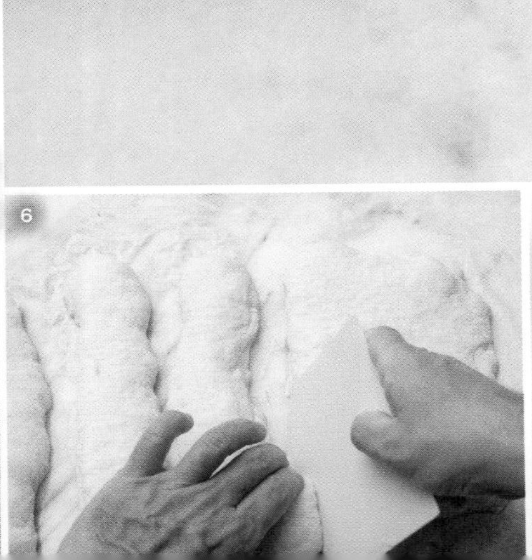
6

Masa de hidratación alta

Barritas de pan de agua

Ingredientes

400 g de harina de fuerza
340-370 g de agua
9 g de sal
3 g de levadura fresca (equivalente a 3 garbanzos) o 1 g si es seca

En algunos panes el agua condiciona por completo el resultado: no reciben cortes y su miga es abierta y jugosa. Este pan está exquisito recién hecho, pero, dado que la humedad de la miga se traslada a la corteza, se reblandece con el tiempo. Ábrelo por la mitad y tuéstalo; la miga se vuelve vítrea y quebradiza, por lo que panes similares reciben el nombre de pan de cristal.

Método

Mezcla las harinas con el agua (reserva 20 g para luego, por si acaso) ayudándote del mango de una cuchara (1). Deja que la masa repose 60 min. Este periodo (llamado autolisis) hará que la masa se cohesione y mejoren sus características plásticas.

Añade la sal y la levadura (puedes ayudarte con 10-20 g de agua para que se disuelvan e incorporen mejor) y mézclalas bien (2). Pasa la masa a un contenedor bajo (como una fuente de canelones). La masa será bastante líquida (3). En lugar de amasar, pliega la masa (4), estirándola con las dos manos (mojadas) suavemente hacia arriba antes de arrojarla hacia adelante para enrollarla y que gane tensión (p. 22). Haz 4 pliegues separados de 30 min cada uno.

Fermenta otras 2.30 o 3 h con un pliegue a la mitad del tiempo para dar estructura (si ves que se desparrama mucho). La masa tendría que estar ligeramente abombada (5), no totalmente plana (lo que indicaría falta de fuerza).

Espolvorea la mesa con mucha sémola fina de trigo duro (harina de trigo duro, de fritura). Vuelca la masa y espolvorea sémola también por encima. Forma un rectángulo bien definido y corta 6 barras con ayuda de una rasqueta o cuchillo (6).

Pasa las piezas a una hoja de papel de hornear y cuécelas en un horno a 250 °C durante un total de 20 min, con vapor durante los primeros 5 min (p. 32).

¿POR QUÉ ES INTERESANTE ESTA RECETA?

Muestra cómo manipular una masa muy hidratada, sin tener que sacarla del contenedor, a base de pliegues. Una harina fuerte y un poco de paciencia consiguen «domar» el agua.

El uso de sémola de trigo duro añade un increíble toque de dulzor y un sabor casi a maíz.

VARIACIONES

Puedes prolongar la autolisis otros 30 o 60 min, hará que la masa se cohesione mejor. Añade hierbas aromáticas o trozos jugosos de tomates secos o aceitunas.

Incorpora a la masa unos 20-30 g de sémola de maíz (polenta), lo que dará un gran toque a la miga.

Dr. Pan: amasado, hidratación y manipulación

A lo largo de los capítulos encontrarás la sección «Dr. Pan» que intenta resolver las dudas y problemas más habituales.

AMASADO

¡La masa se me pega mucho a las manos!

Es completamente normal. Cuando empiezas a hacer cualquier actividad, tus manos aún no tienen destreza; piensa en cualquier deporte o actividad manual. No tiene misterio, solo hay que repetir. Eso sí, intenta hacerte la vida más fácil: tu mejor aliado es un bol lleno de agua para mojarte las manos antes de tocar la masa, así evitarás que se te pegue. Empieza por las recetas sin amasado, realiza pliegues con las manos mojadas hasta que vayas familiarizándote con la masa.

No puedo sacar la masa del bol

Usa una rasqueta y comienza por espolvorear harina en los puntos donde la masa toca las paredes del bol. Introduce la rasqueta hasta el fondo (o la mano como si fuera una pala), de esa manera la masa se soltará. Vuelca el bol y deja que la gravedad te ayude; usa la rasqueta o la mano otra vez para facilitar que la masa caiga.

La masa se desgarra al amasarla

No pasa nada, es normal. Puede que estés haciendo demasiada fuerza en tu gesto (intenta repetirlo con más suavidad) o que le falte un poco de agua o simplemente un reposo de 5 min para que el gluten se recupere.

¿Cómo sé que la masa está bien amasada?

El punto de amasado dependerá de si la masa va a recibir pliegues y periodos de reposo (en ese caso, no te preocupes por cómo está al comienzo) o bien si se amasa de corrido. Si es el segundo caso, la masa debería acabar lisa, fina y, dependiendo del pan, tendrías que poder estirarla suavemente hasta crear una capa muy fina, casi como una membrana. Pero no te obsesiones por esto, ya que con el reposo la masa se relajará y se dejará estirar.

Mi masa está muy caliente o fría

Tras el amasado (salvo que se indique lo contrario), una masa debería estar a unos 24-25 °C. Si tu masa ha acabado muy por encima o por debajo de ese rango (a más de 30 °C o menos de 20 °C), simplemente déjala unos minutos dentro de un contenedor bien tapado, en un lugar que

Dr. Pan

compense su temperatura. Puedes ponerla en la nevera o el congelador, o bien meterla en un armario caliente (enciende el horno unos segundos hasta que se caliente a 30 °C). Para que la masa gane o pierda temperatura más rápido, es buena idea que la pongas en un contenedor plano, para que se extienda y tenga menos grosor.

HIDRATACIÓN

¿Cómo sé que la masa tiene suficiente agua?

Distintas masas tienen distintas texturas. Observa la foto de la masa recién mezclada (la primera en cada receta) y busca esa textura sin centrarte exclusivamente en los gramos de agua que te indico. Puede ser que tu harina absorba mucha agua. Para las recetas de baja hidratación (candeal, bagel, brezel), la masa no se tendría que pegar a las manos tras el mezclado. En las recetas de hidratación media (pan de molde, panes con formados complejos y formas muy marcadas), la masa se debería pegar un poco a tus manos al comienzo, pero luego ir mejorando. En las recetas de hidratación alta (barras rústicas, chapatas, pan de agua), la masa debe ser bastante o muy pegajosa y no conservar una forma perfectamente redonda cuando formas una bola con ella. Con el amasado, los reposos y los pliegues, irá ganando cuerpo.

He añadido toda el agua que pide la receta y aun así la masa está muy seca

Antes de nada, piensa en qué tipo de receta es. Hay masas que sorprenden por lo secas que son, como el pan candeal o los bollos chinos. Puedes tener la tentación de añadir más agua, pero tal vez la masa esté bien. Consulta las fotos de textura de cada receta. También puede pasar que tu harina absorba más agua que la que he usado yo; es totalmente normal. Simplemente pesa el agua que quieres agregar, échala a poquitos y comprueba la textura cada vez. Por ejemplo, no viertas 50 g de golpe sin controlar. Comprueba la temperatura de la masa antes de añadir agua, ya que puedes usar el agua para corregir la temperatura de la masa.

He añadido el agua que pide la receta y la masa está demasiado pegajosa

Igual que en el anterior caso, asegúrate de que la masa de la receta no sea precisamente así. Hay masas que son muy pegajosas, como la chapata, el pan de agua o el brioche en el momento de añadir la mantequilla, y están bien (de hecho, esa textura es lo que permite sus cualidades finales). Si aun así piensas que te has pasado de agua (por ejemplo, por un error de pesado), no te preocupes. Pesa la harina que quieres añadir, y hazlo poco a poco, agregando, por ejemplo, 10 o 15 g de harina cada vez. Si había un error considerable de pesado y has acabado añadiendo más de 100 g de harina, piensa que se habrá desajustado también la cantidad de sal y levadura, así que puedes corregirlas proporcionalmente para que la receta final sea parecida a la original.

1 Misma masa, sin amasar y amasada

2 Una masa integral, tras amasado y reposos, muestra una membrana que transporta el salvado

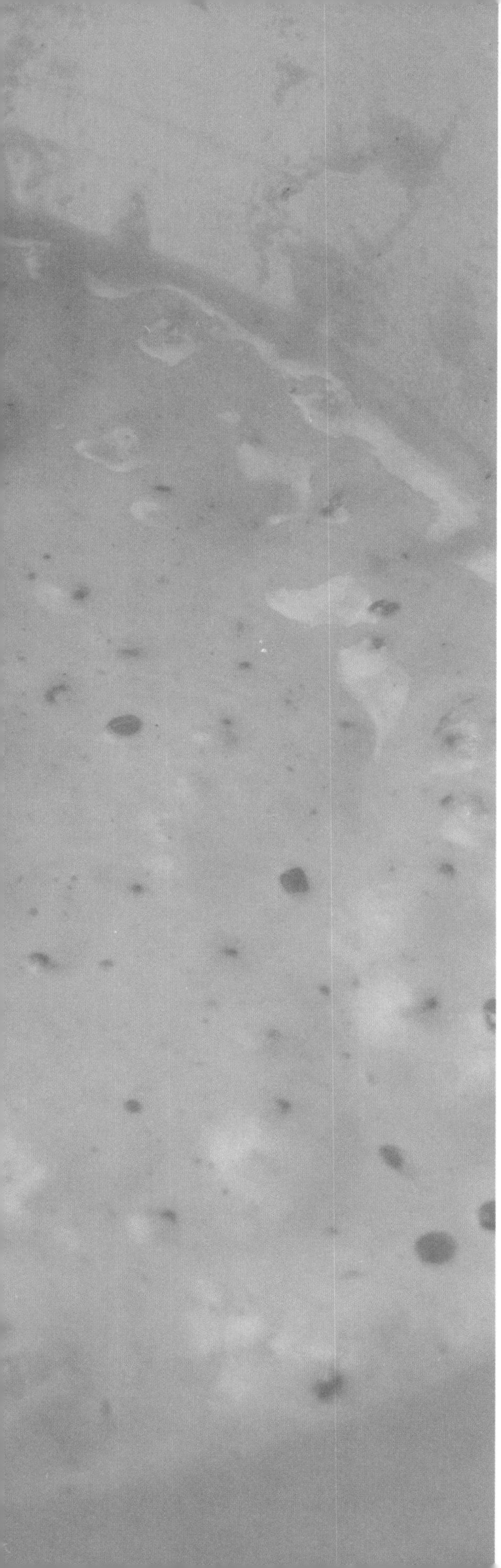

3. FERMENTACIÓN

FERMENTACIÓN

Presentación

Aunque en nuestra cultura la idea de pan suele llevar implícita la de fermentación, en realidad hay muchísimos panes ácimos (sin fermentación). Los primeros panes de la humanidad fueron ácimos y su importancia fue tal que aún se encuentran en muchos lugares del mundo: tortas planas que se hacen sobre o bajo brasas, en chapa o en hornos de distinto tipo. Se trata de panes arcaicos, pero pueden encajar muy bien en la vida contemporánea, ya que, al no fermentar, son muy rápidos de elaborar y se pueden congelar para tenerlos listos en cualquier momento: unos segundos en la tostadora les devuelven su gloria.

Panes sin levadura

Este libro contiene varios ejemplos de panes que se elaboran sin levadura, en algunos casos con impulsor químico. El lavash es un ejemplo de las tortas sin fermentar que vienen de la cuna del cereal, Mesopotamia, y aún se encuentran en aquellas tierras. Por suerte, también se da a lo largo y ancho del mundo, incluso en España, donde se hacen tortas ácimas para gazpachos o bien tortas ácimas con maíz, como el talo o la coca de dacsa. El lavash es muy interesante, ya que lo puedes hacer tanto con trigo blanco (blando) como con trigo duro (el amarillento, la sémola fina que usamos para la pasta o para freír pescado), y en sartén o en horno, usando la técnica que se explica. Además, lo puedes hacer con semillas, especias, y encima lo puedes comer recién hecho blando (para envolver alimentos) o bien seco, como unas galletas.

El pan de soda es clásico en Irlanda y tiene parientes en otras zonas de Europa y del mundo. Aunque para nuestros ojos sea un extraño «bizcocho salado», usando una buena harina integral, el resultado es un intenso sabor a cereal. La misma idea se desarrolla con otros sabores y otras características en el pan cocido en lata (p. 134). Es sorprendente lo rápido que se puede hacer un buen pan. Tal vez estas sean algunas de las excepciones que confirman la regla de que el buen pan necesita tiempo.

La pita es un ejemplo fantástico para cuestionar nuestras ideas, y no podía faltar en este capítulo porque en realidad el levado de la masa (que la hincha) lo lleva a cabo el vapor de agua de la propia masa. Puedes hacer pan de pita sin levadura en absoluto, aunque una fermentación corta y el aporte del gas que produce la levadura siempre ayuda, además de darle sabor de la pieza. Un pan fascinante a caballo entre dos mundos.

Panes con levadura

La forma más sencilla de hacer pan con levadura es: mezclar todo, amasar, fermentar y hornear. Esto se llama «método directo», y es sencillo, pero a veces no garantiza el mejor pan, ya que al faltar un fermento a veces se echa de menos algo de sabor y aroma. En este libro hay varios panes en directo (si te fijas, en las sugerencias al final de cada receta te suelen recomendar que uses un fermento para mejorarlos). La receta del pan de remolacha ofrece una inesperada alternativa para ganar sabor, textura, aroma y obtener un pan que casi parece de masa madre.

En cuanto quieres dar profundidad de sabor, aroma y estructura a tus panes, la idea de usar un fermento (p. 20) es esencial. Las recetas de este apartado te enseñan distintos fermentos (biga, poolish) y ofrecen una reflexión acerca de qué cantidad de fermento puedes usar, empleando un ejemplo extremo y sorprendente en el caso de la chapata: un pan hecho solo con fermento.

El punto de la fermentación

Igual que pasa con casi cualquier alimento que cocines, una de las claves está en dar con el «punto», ya sea el punto de cocción en una verdura, carne, arroz, o en el punto óptimo de la fermentación en un pan. Huye de la máxima machacona de «fermentar hasta que doble el volumen», ya que hay panes que tienen que fermentar poco, otros mucho y otros quedarse en un punto intermedio. Como ejemplo de un pan que agradece un punto de fermentación justo (es decir, que la masa vaya algo joven al horno) está el pa de pagès. Es una masa intermedia que tiene cuerpo y se abrirá con fuerza siempre que cumplas dos condiciones: un formado suave y una fermentación justa, al punto. Si te pasas de fermentación, no se abrirá nunca. En el otro extremo del punto de fermentación, está el mollete. Si horneas un mollete justo de fermentación, su miga no será igual de esponjosa y se abrirá (el mollete no tiene que abrirse, no tiene greña). El mollete se mete al horno casi pasado de fermentación. Son dos casos extremos, muchos otros panes se sitúan en el punto intermedio que les permite ganar volumen y abrir una hermosa greña en el horno. Como norma general, los panes que no reciben corte (chapata, mollete, pan de molde, bollería) suelen ir largos de fermentación, mientras que los que tienen que abrirse de forma espectacular (pa de pagès, bollos aromáticos suecos) suelen ir justos. Observa con detenimiento las fotos y las indicaciones de cada receta, pero sobre todo observa tus masas.

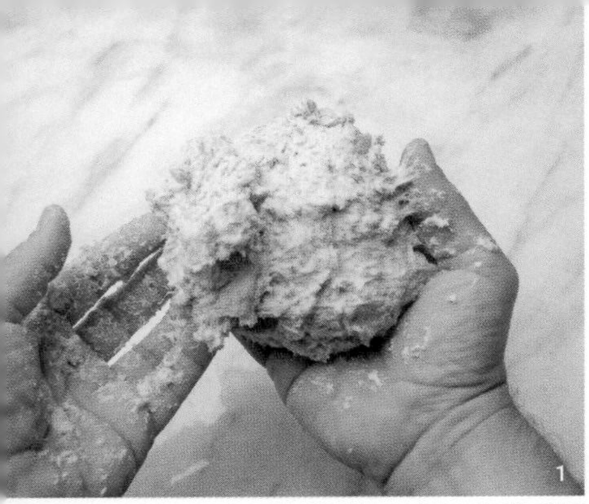
1

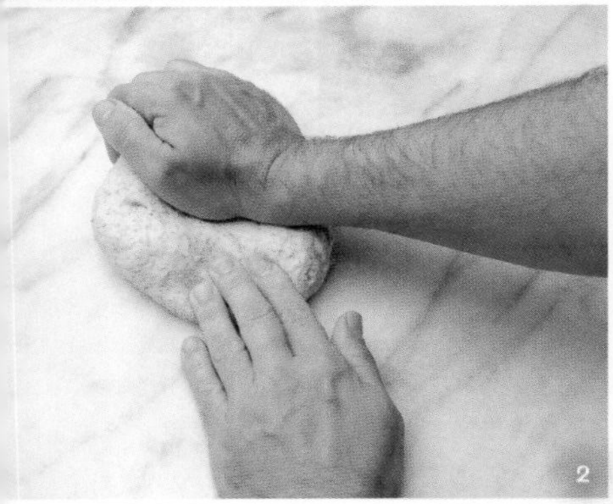
2

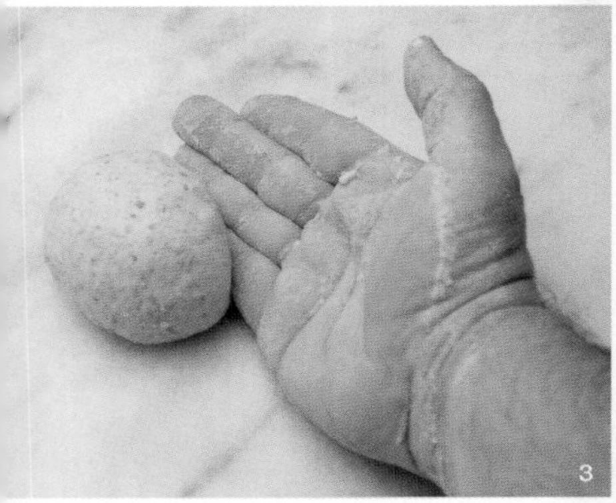
3

4

5

6

Pan ácimo (sin fermentar)

Lavash

Ingredientes

300 g de harina floja
100 g de harina integral de trigo (mejor molida a la piedra)
240-250 g de agua
5 g de sal

Un pan plano y tierno, inspirado en los arcaicos panes de Oriente Medio y Asia Central, que puede convertirse, en pleno siglo XXI, en uno de los favoritos para barbacoas, fiestas y untes de salsas diversas, ya que lo mismo le da envolver un pincho moruno, verduras a la brasa o queso, que servir de «cuchara» para algún aperitivo. Es rapidísimo de hacer y te puede solucionar una comida especial. Puedes incluso hacerlos con forma de pizza y congelarlos, y tienes bases muy apañadas para pizza de emergencia.

¿POR QUÉ ES INTERESANTE ESTA RECETA?

Es un pan rápido, sencillo y genial para mil platos. Los panes sin fermentación fueron los primeros panes, así que merecen una consideración y aún tienen lugar en nuestras mesas (puedes hacerlos de trigo, maíz o mezclando harinas).

Muestra una manera distinta de usar el horno.

VARIACIONES

Tradicionalmente, estos panes se cuecen en hornos verticales de boca superior (*tanur, tandoor*) o sobre chapas (*tava, saj*), que consiguen una gran concentración de calor. En un horno casero, la base del horno logra un gran aporte de calor que viene muy bien para este tipo de recetas.

Método

Mezcla todos los ingredientes en un bol, la textura será algo pegajosa (1). Deja que la masa repose de 5 a 10 min antes de amasar para que después sea más fácil.

Amasa unos 5 min sobre la mesa hasta que la masa esté fina (2). Divide la masa en piezas de unos 125 g y boléalas suavemente (3). Deja que reposen tapadas durante 15 min mientras el horno se calienta a 250 °C, así las podrás estirar con más facilidad.

Enharina la mesa y estíralas hasta formar un rectángulo finísimo (4) de unos 40 × 35 cm (como una bandeja de horno), usa más harina si ves que amenaza con pegarse. Pasa la masa a una hoja de papel de hornear (5).

Con ayuda de una tabla o bandeja, desliza la hoja de papel de hornear directamente sobre la base del horno (es normal que se chamusque) (6). Cuece las tortas aproximadamente 1 min (hasta que se empiecen a llenar de ampollas) y, con cuidado (puedes usar unas pinzas), dales la vuelta; cuécelas otro minuto, no mucho más, para evitar que se sequen. Sácalas y guárdalas envueltas en trapos para conservar su humedad, tienen que ser flexibles. Puedes dejar que se sequen en el horno y tomarlas crujientes, como crackers, o bien congelarlas aún tiernas.

1

2

3

4

5

6

Pan levado con bicarbonato (sin fermentar)

Soda bread

Ingredientes

350 g de harina integral de trigo (mejor molida a la piedra)
100 g de harina floja
360-390 g* de suero ácido de leche, buttermilk (lo puedes sustituir por yogur desnatado o una mezcla a mitades de yogur y agua)
9 g de sal
6 g de bicarbonato sódico (una cucharadita, 5 ml)

*Las harinas integrales varían mucho en su absorción, así que empieza con la cantidad menor y ve añadiendo hasta que consigas la textura de la foto y la descripción.

¿POR QUÉ ES INTERESANTE ESTA RECETA?

Muestra una idea de pan que no nos es tan familiar, ya que en muchos sitios el pan de soda parecería ser más un bizcocho, y sin embargo es el pan nacional de Irlanda y tiene parientes en otros lugares.

Es un recurso de emergencia cuando necesitas un pan rápido y muy sabroso.

VARIACIONES

Tradicionalmente, se elabora con buttermilk y harinas de molienda gruesa, pero puedes adaptarlo a tu gusto y poner trigo duro (es ligeramente dulce y queda muy bien), avena, pasas, etc.

Hay panes esponjosos que prescinden de la fermentación y son levados por un impulsor (bicarbonato sódico, en este caso). Son tan rápidos que lo primero que tienes que hacer es encender el horno, como si fuera un bizcocho. Como no hay aporte de sabor en la fermentación, es esencial usar harinas sabrosas; busca harinas molidas a la piedra de textura gruesa y aroma intenso a cereal.

Método

Calienta el horno a 230 °C, calor arriba y abajo. Mezcla las harinas, sal y bicarbonato y revuélvelas para que los ingredientes se distribuyan homogéneamente (1). Añade el líquido y revuelve someramente con el mango de una cuchara, lo justo, no se trata de amasar. Puedes omitir el lácteo y usar otro ácido para activar el bicarbonato, como un par de cucharadas de zumo de limón o vinagre (2). La textura de la masa será pegajosa.

Pásala a la mesa bien enharinada, la sensación es parecida a cuando empanas una croqueta, la consistencia debe ser blanda, pero te debe permitir hacer una bola y rebozarla por la harina (3). Pasa la bola de masa a una hoja de papel de hornear y aplánala ligeramente hasta que mida unos 5 cm de alto (4).

Haz un profundo corte en cruz que llegue hasta la base (5), pero sin cortarla por completo.

Cuece el pan unos 10 min a 230 °C, calor arriba y abajo, sin vapor, y luego baja a 200 °C, otros 25-30 min, hasta completar un total de 35-40 min.

Sácalo a una rejilla y prepara la mantequilla (6). No se conserva tan bien como el fermentado, así que es un pan del día.

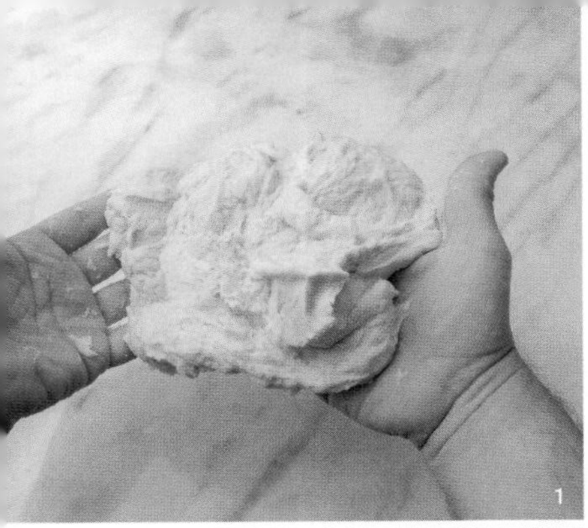
1
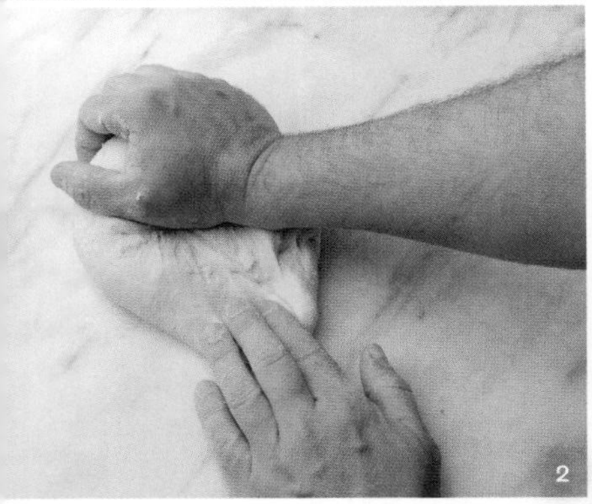
2

3

4

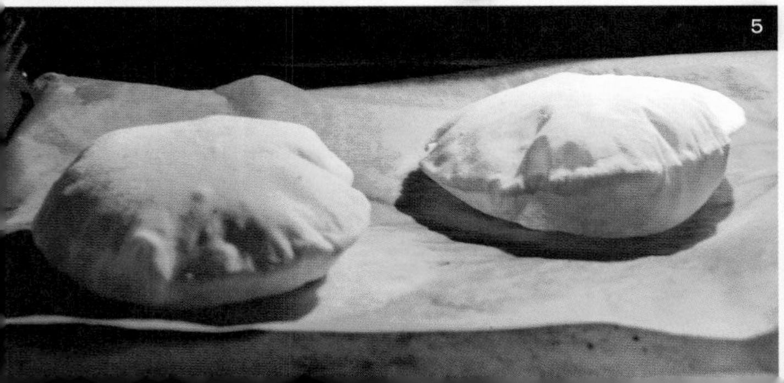
5

Pan con muy poca fermentación

Pita

Ingredientes

400 g de harina panificable (o mezcla de floja y de fuerza a mitades)

240-250 g de agua

8 g de sal

5 g de levadura fresca o 2 g si es seca

Tras dos panes sin fermentar, este es el primero del capítulo que introduce la fermentación. No obstante, como paso intermedio, puesto que, en realidad, es un pan que también puede hacerse sin levadura, ya que el vapor de agua que se crea en la masa al cocerla es suficiente para que se hinche. Al usar levadura, es más sencillo conseguir este espectacular efecto.

Método

Mezcla todos los ingredientes en un bol, la textura será algo pegajosa (1). Deja que la masa repose de 5 a 10 min antes de amasar para que después sea más fácil.

Amasa unos 5-7 min sobre la mesa (p. 26) hasta que la masa esté fina (2) y deja que fermente 1 h. Divide la masa en piezas de unos 80 g para pitas grandes y 50 g para pitas pequeñas. Boléalas con mucha delicadeza sobre la mesa o la palma de la mano (3) hasta que tengan una forma regular. Deja que reposen tapadas durante 15 min para que se relajen (enciende el horno a 250 °C o a todo lo que dé).

Enharina la mesa y estíralas hasta formar un disco de unos 15 cm de diámetro y un par de milímetros de grosor (4). Asegúrate de que la superficie de la masa es perfectamente lisa, sin huecos ni grumos, para facilitar que se hinchen. Pásalas a una hoja de papel de hornear y cuécelas directamente.

Colócalas de dos en dos (o más, si son pequeñas) en la bandeja del horno y cuécelas durante 1 min (2 min a lo sumo), hasta que se hinchen (5). Un truco: si a tu horno le falta potencia, cuécelas directamente sobre la base (como hicimos con el lavash).

Sácalas rápidamente y guárdalas envueltas en trapos para conservar su humedad.

¿POR QUÉ ES INTERESANTE ESTA RECETA?

Es un pan bastante rápido de elaborar, que gusta mucho y sorprende (las compradas suelen ser bastante malas).

Presenta un clásico con una cocción sorprendente.

VARIACIONES

Si no tienes horno, puedes hacerlas en una sartén. Añade una buena parte de harina integral. Estira la masa y usa moldes de galletas con formas fantasiosas para crear pitas especiales.

Deja que se sequen en el horno y tendrás sorprendentes panes crujientes, para tomar tal cual (si son pequeños, como los «airbag») o rotos como si fueran galletas.

1

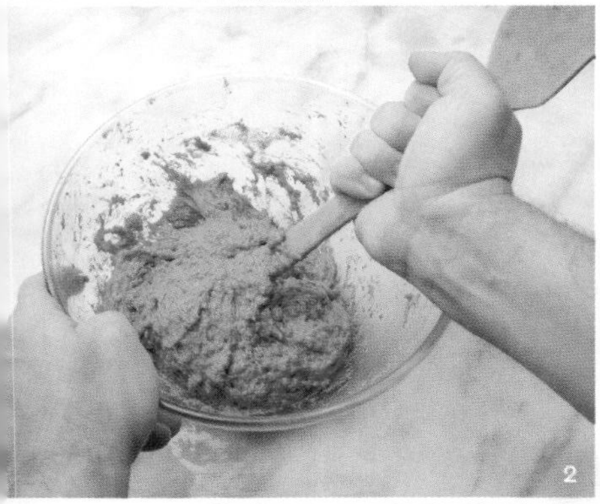
2

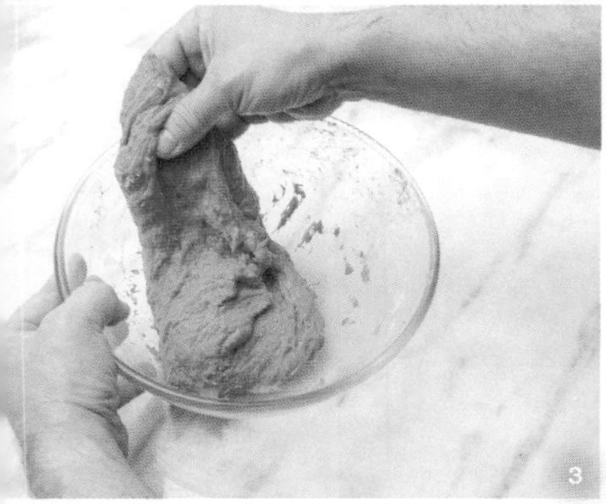
3

4

5

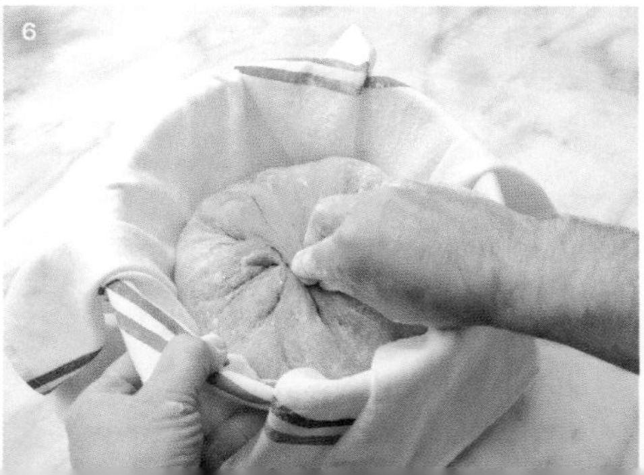
6

7

Pan fermentado «en directo»

Pan sueco de remolacha encurtida (sin amasado, formado sin formar)

Ingredientes

400 g de harina panificable (o mezcla de floja y de fuerza a mitades)
100 g de harina blanca de centeno (o integral tamizada)
200 g de remolacha encurtida escurrida
120-160 g de agua
40 g de miel
10 g de sal
5 g de levadura fresca o 2 g si es seca

¿POR QUÉ ES INTERESANTE ESTA RECETA?

Presenta la fermentación en directo, el modo más sencillo de fermentar, pero aporta una pista para gozar de un pan con un gusto y textura impropios: jugoso, intenso y con buena miga.

Introduce la idea de usar ingredientes alternativos al agua para que el pan suba a otro nivel.

VARIACIONES

Prueba a usar yogur para la masa, incorpora frutos secos (pipas de girasol, calabaza, nueces).

Haz este pan en el molde más grande que tengas para conseguir unas rebanadas antológicas y montar unas smörgås o tapas suecas inolvidables.

Este es el modo de fermentación más sencillo, sin usar ningún tipo de fermento: se amasa, se hornea y se cuece; se llama «hacer pan en directo». Es fácil, pero a veces flojea un poco en sabor, corteza, etc. (a menos que uses largos periodos de fermentación). Un truco muy chulo lo ofrece este pan inspirado en una receta del panadero sueco Johan Sörberg. Al usar puré de remolacha encurtida como líquido, tiene un sabor y una textura antológicos y hará que más de uno se pregunte si has usado masa madre.

Método

Pesa la remolacha escurrida y hazla puré (1), añade el agua, pero guárdate unos 30-50 g para correcciones. Mezcla todos los ingredientes y revuélvelos con fuerza con el mango de una cuchara grande hasta que se forme una masa cohesionada, será algo pegajosa (2).

Déjalo reposar unos 30 min y pliega la masa (p. 22), estirando suavemente y plegándola sobre sí misma (3), gira el bol 90° y repítelo (2). Como alternativa, puedes plegar estirando de la masa hacia arriba con las dos manos y lanzándola hacia delante para que se enrolle (3). Da un total de cuatro intervalos de pliegues separados cada uno por 30 min (esto cuenta como 2 h de fermentación).

Fermenta 60 min más (5). Forra un bol con un trapo y echa abundante harina para que la masa no se pegue. Vuelca la masa en el bol con trapo y lleva los bordes de la masa hacia el centro, haciendo un hatillo para darle un poco de tensión (6).

Fermenta unos 40-50 min mientras se calienta el horno, vuelca el pan sobre una hoja de papel de hornear y dale cuatro cortes (7). Enhórnala a 250 °C, calor arriba y abajo, con vapor durante 20 min (p. 32), y luego baja a 215 °C y continúa otros 40 min más.

1

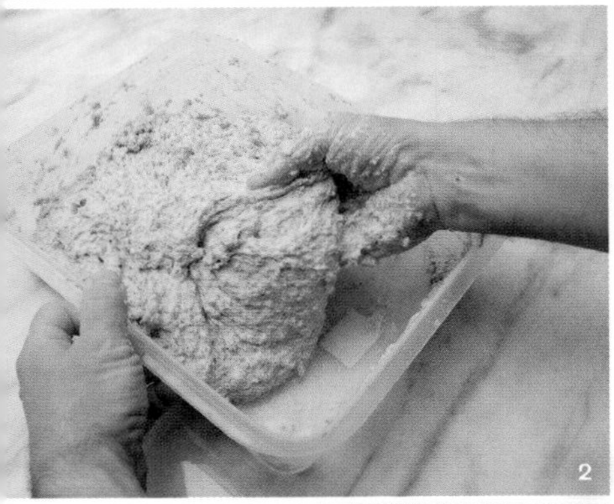
2

3

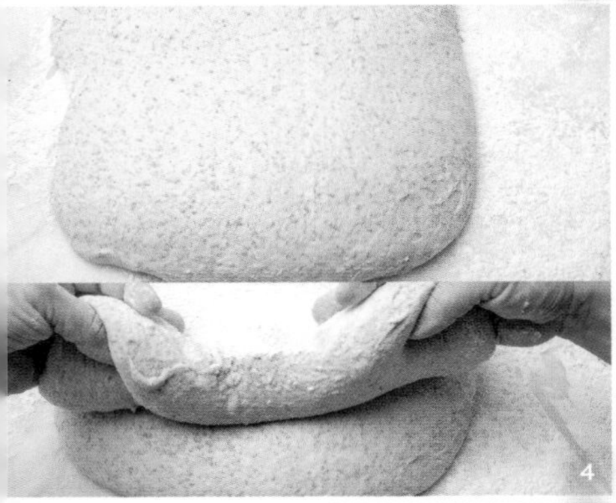
4

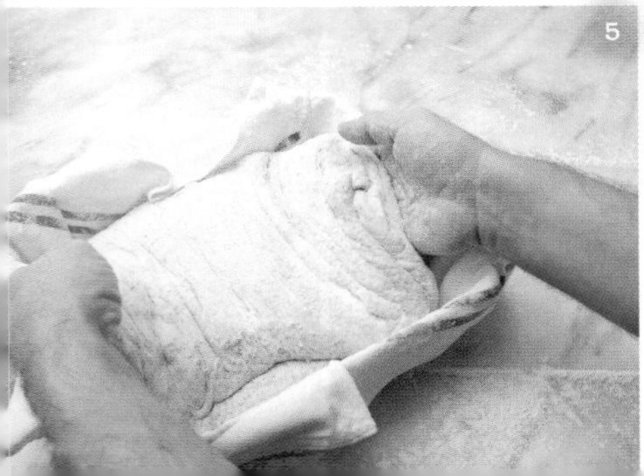
5

6

Fermento líquido, poolish

Hogazón de 3 kg (sin amasado)

Fermentar previamente parte de la harina que vas a usar en el pan es una manera clásica de aumentar su calidad: mejora su sabor, textura, corteza, aroma y conservación. Esta receta usa poolish, un fermento líquido de aroma lácteo. Elaborar una pieza de 3 kg puede intimidar, pero como no requiere amasado y se forma en un periquete, puedes elaborar en casa inmensas piezas aprovechando todo el espacio del horno y amortizando el kilovatio.

Ingredientes

Poolish

225 g de harina integral de trigo (mejor molida a la piedra)
225 g de agua tibia
0,5 g de levadura fresca (medio garbanzo) o 1 g en invierno, un tercio si es seca

Masa final

poolish
750 g de harina panificable (o mezcla de floja y de fuerza a mitades)
750 g de harina integral de trigo (mejor molida a la piedra)
1.050-1.150 g de agua
30 g de sal

Método

La noche anterior, mezcla los ingredientes del poolish y deja que fermente a temperatura ambiente al menos entre 12 y 16 h. Al día siguiente, estará burbujeante y aromático (1). Mezcla todos los ingredientes (reservando un poco de agua) en un contenedor grande (2) (el de la imagen es de 6 l).

Déjalo reposar unos 30 min y pliega la masa, estirando suavemente hacia arriba con las dos manos y lanzándola hacia delante para que se enrolle (3). Da un total de cuatro intervalos de pliegues separados cada uno por 30 min (esto cuenta como 2 h de fermentación).

Una vez acabado el cuarto pliegue, fermenta la masa otra hora antes de formarla. Para el formado, enharina la mesa, vuelca la masa y pliégala en dos como un libro (4).

Limpia y seca el contenedor, fórralo con un trapo y enharínalo bien. Transfiere la masa al contenedor (5) y deja que fermente otros 40-50 min.

Pasa la masa a una hoja de papel de hornear. Una forma fácil es como voltearías una tortilla de patatas: pon la hoja de papel de hornear y la bandeja como «tapa» del contenedor y dale la vuelta. Dale cortes en forma de rejilla (6).

Enhórnalo a 250 °C, calor arriba y abajo, con vapor durante 20 min (p. 32), y luego baja a 200 °C y continúa otros 70 min más, ya que es una pieza muy grande.

¿POR QUÉ ES INTERESANTE ESTA RECETA?

Presenta un fermento canónico. Incorpora un buen fondo de sabor, mejora la corteza y aporta buenas cualidades plásticas a la masa.

Muestra cómo hacer un pan inmenso con medio gramo de levadura.

VARIACIONES

Estas piezas enormes se prestan a añadir otras harinas (sarraceno, harina tostada, etc.) así como semillas y frutos secos.

Puedes congelar la mitad y, tras descongelarla, volverla a hornearla 15 min a 200 °C para «revivirla».

1

2

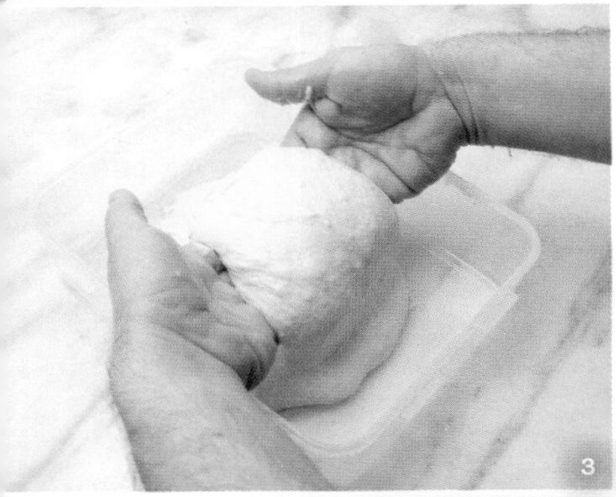
3

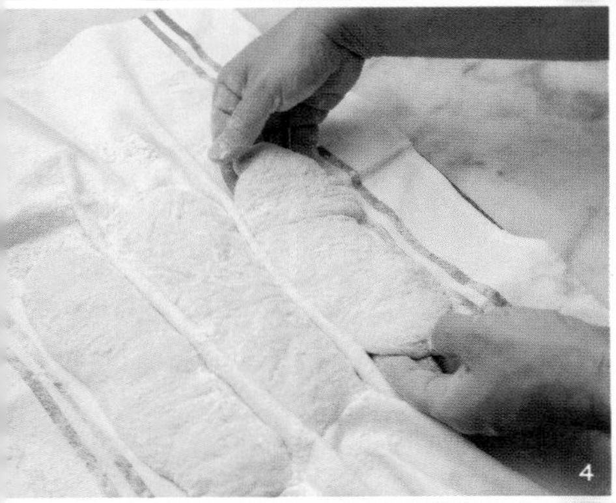
4

5

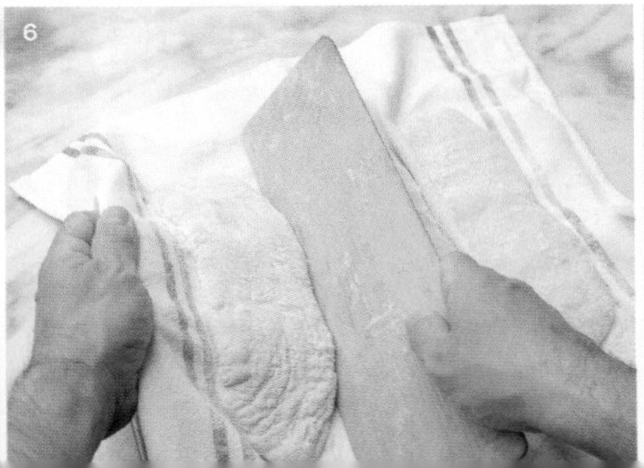
6

Usar gran cantidad de fermento

Chapata solo biga (sin más harina en la masa)

¿Cuánto fermento se puede usar en una masa? Es muy variable, lo habitual en nuestra cultura es el 10-30 por ciento sobre el peso de harina, pero de hecho no hay límite. Incluso puedes hacer pan exclusivamente con el fermento, como muestra esta receta. La chapata clásica usa una gran cantidad de biga (un fermento muy seco) al que se añade una parte mínima de harina. Esta receta extrema prescinde de la harina; al fermento solo se le añaden los ingredientes del pan (sal, levadura, etc.) y el agua que le falta. El resultado es sorprendente.

Ingredientes

biga
300 g de harina de fuerza
135 g de agua
1 g de levadura fresca (equivalente a 1 garbanzo) o 0,3 g si es seca

Masa final
biga
70-90 g de agua
6 g de sal
10 g de miel

¿POR QUÉ ES INTERESANTE ESTA RECETA?

Presenta un pan de categoría, con una miga cremosa y sabrosa y una corteza estupenda.

Muestra que no hay límite en el empleo de un fermento o madre (ejemplificando por qué la pregunta «¿A cuánta levadura equivalen × gramos de masa madre?» no tiene respuesta).

Inspira a buscar los límites.

VARIACIONES

Añade parte de harina integral para dar más sabor (sacrificando algo de volumen).

Usa esta masa como base para pizza.

También puedes hacer una chapata clásica añadiendo a esta cantidad de biga 50 g de harina en la masa final.

Método

Para la biga, el día anterior disuelve la levadura en el agua y mezcla la harina, revolviendo con el mango de una cuchara hasta que apenas se forme una masa grumosa. Ferméntala de 12 a 18 h a temperatura ambiente (1).

Al día siguiente, divide la biga en trozos pequeños y añade el resto de los ingredientes, pero no eches toda el agua de golpe, ve añadiéndola poco a poco, como si ligaras una bechamel, te será más fácil (2); aun así, es algo entretenido (fácilmente te llevará 5 min). Intenta que la masa acabe a unos 25-27 °C.

Fermenta 30 min y haz un pliegue dentro del bol o contenedor (3), espera otros 30 min y da un segundo pliegue. Fermenta otros 30 min y vuelca la masa sobre la mesa bien enharinada. Divide la masa en tres piezas alargadas y colócalas sobre una tela enharinada, con pliegues de tela entre ellas para que no se peguen (4). Ferméntalas unos 35-45 min, hasta que al apretar con el dedo la masa prácticamente no vuelva (5). Transfiérelas a una hoja de papel de hornear con la ayuda de una paleta o tabla (6).

Cuécelas a 250 °C, calor arriba y abajo, con vapor durante 5 min (p. 32), y luego baja a 230 °C y continúa otros 25 min más.

1

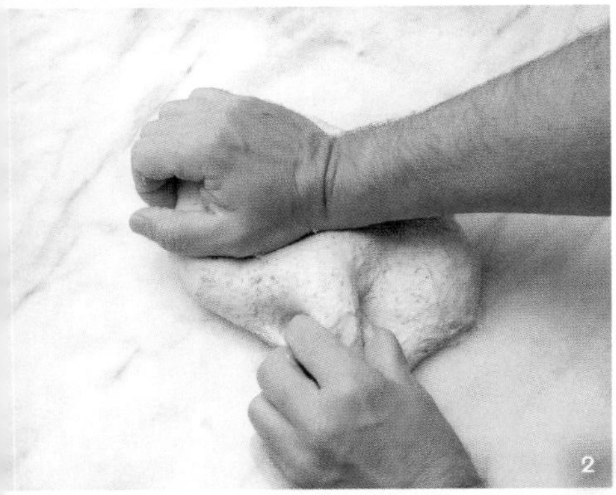
2

3

4

5

6

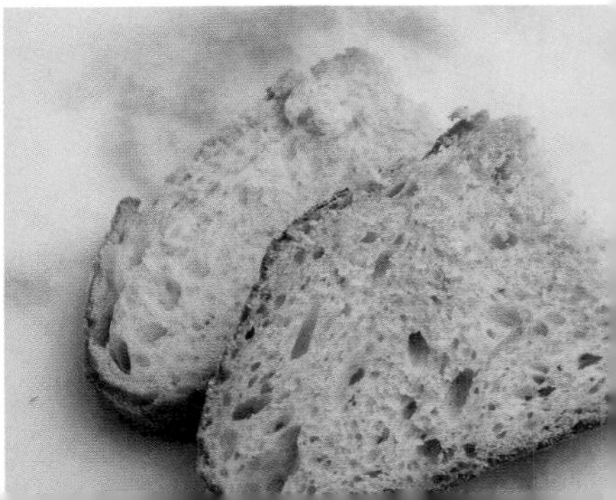

Punto de fermentación corto

Pa de pagès

Ingredientes

Fermento

- 100 g de harina integral de trigo (mejor molida a la piedra)
- 50 g de agua
- 0,5 g de levadura fresca (equivalente a medio garbanzo o un tercio si es seca

Masa final

- fermento
- 500 g de harina panificable (o mezcla de floja y de fuerza a mitades)
- 315-325 g de agua
- 9 g de sal
- 1 g de levadura fresca (equivalente a 1 garbanzo) o 0,3 g si es seca

¿POR QUÉ ES INTERESANTE ESTA RECETA?

Muestra que la idea de «fermentar hasta que doble el volumen» es poco precisa, ya que hay panes que tienen que fermentar mucho y otros mucho menos.

Presenta un pan clásico, amparado por una IGP, que enseña buenas prácticas: buen fermento, mezcla de harinas, buena primera fermentación y cocción cuidadosa.

VARIACIONES

Usa más harina integral, si puedes molida a la piedra. Aumenta las cantidades y hazlo más grande.

En este capítulo hemos visto las formas básicas de fermentar (o no) el pan, pero la gran pregunta siempre es cuánto ha de fermentar el pan. En lo que llevamos de libro, hemos visto cómo es esencial entender que la fermentación tiene un «punto» (igual que las cosas que cocinamos). Sin embargo, no todos los panes comparten el mismo punto. Algunos, como el de pagès, tienen que entrar más jóvenes al horno para que se abran bien. Si te pasas de fermentación, no se abrirá. El secreto de este pan que no recibe cortes para abrirse está en usar ese punto justo y en un formado suave.

Método

La noche anterior, mezcla los ingredientes del fermento y deja que fermente a temperatura ambiente al menos 12 h.

Al día siguiente, mezcla todos los ingredientes en un bol, quedará una masa algo pegajosa, pero con cuerpo (1); el pagès no es un pan de alta hidratación. Déjalo reposar unos 10 min y amasa de corrido (2) unos 7-10 min (la masa te tendría que permitir amasar sobre la mesa). También puedes hacer tres o cuatro intervalos de microamasados de medio minuto y reposos de 5 min.

Fermenta unas 2.30-3 h (3) y pasa la masa a la mesa enharinada. Forma un hatillo trayendo los bordes hacia el centro (4), intentando hacerlo sin demasiada tensión, para que luego la pieza pueda abrirse. Es una de las claves de este pan, no pasarse apretando. Pon la masa sobre una tela enharinada con el pliegue hacia abajo (5).

Ferméntalo unos 40-50 min, dale la vuelta sobre una hoja de papel de hornear (6) y, sin darle corte alguno, enhórnalo a 250 °C, calor solo abajo, con vapor durante 20 min (p. 32), y luego baja a 200 °C, calor arriba y abajo, y continúa otros 40 min más.

1

2

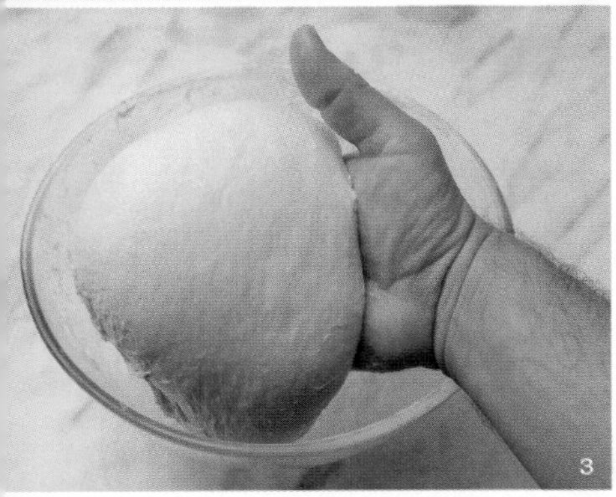
3

4

5

6

Punto de fermentación largo

Mollete

El mollete no es solo un pan, es una constelación de panecillos que tienen distintas recetas y técnicas. Esta receta presenta un mollete sencillo, pero tiernísimo. Hemos visto que hay panes que para conseguir su espectacular greña estallan con fuerza en el horno. Para eso necesitan un punto de fermentación justo, ya que si se pasan no se abrirán bien. Al mollete le ocurre todo lo contrario. Junto con el pan de molde y la bollería, es uno de los panes que agradecen que lleves la fermentación al límite, que entren al horno bien hinchados.

Ingredientes

- 250 g de harina panificable (o mezcla de floja y de fuerza a mitades)
- 250 g de harina floja
- 340-360 g de agua
- 25 g de manteca de cerdo (opcionalmente aceite)
- 10 g de sal
- 3 g de levadura fresca (equivalente a 3 garbanzos) o 1 g de la seca

¿POR QUÉ ES INTERESANTE ESTA RECETA?

Muestra que los puntos de fermentación son muy distintos en algunos panes. Un mollete justo de fermentación tendría una miga densa y probablemente se abriría.

VARIACIONES

Incorpora un fermento para ganar sabor.

Añade a la masa anís en grano (matalahúva).

Prueba a hacerlos con una parte de sémola de trigo duro y harina integral.

Para hidratar, incorpora algún lácteo, como yogur, un poco de leche o mantequilla.

Para disfrutarlos, un truco es tostarlos enteros (sin partir), para que la corteza quede crujiente, pero el centro húmedo y jugoso.

Método

Mezcla todos los ingredientes apretando bien para fundir la manteca y la levadura. Quedará una masa bastante pegajosa (1). Nada más mezclarla, déjala descansar 10 o 15 min en el bol tapado. Tras ese tiempo, la masa estará más cohesionada y no se pegará tanto.

Amasa a pliegues (p. 22), dando 4 pliegues separados de 30 min cada uno (2). La masa acabará siendo fina (3).

Fermenta de nuevo de 1-1.30 h. Pasa la masa a la mesa bien enharinada. Divide en piezas de unos 120-130 g y forma con toda la delicadeza que puedas. No se trata de bolear, sino de hacer pequeños hatillos de masa sin perder la estructura interna, dándoles una mínima fuerza (4).

Pasa los molletes a una hoja de papel de hornear. Fermenta 1 h y aplástalos muy delicadamente con la palma de la mano sin desgasificar mucho (5). Fermenta unos 45-60 min más, hasta que al apretar la masa con un dedo apenas vuelva (6).

Cuécelos lo justo, unos 8-10 min con el horno a 250 °C, calor arriba y abajo, sin vapor.

Dr. Pan: fermentación

La masa no crece

Si has seguido las indicaciones de cantidad de harina, levadura y tiempo, el motivo más sencillo por el que tu masa no crece es que esté fría. Tal vez porque hace frío en tu cocina o porque el agua estaba demasiado fría. Comprueba su temperatura. Si está fría, métela en un lugar cálido (calienta el horno unos segundos, hasta que esté a 30 °C y métela). Si está sobre los 24-25 °C, que es una temperatura perfecta, tal vez lo único que le falte es tiempo. Como opción más rara, quizá la levadura no estaba en buen estado.

La masa crece demasiado rápido

Mira el anterior punto y busca las causas contrarias: tal vez haga demasiado calor o el pan tenga demasiada levadura. Métela en la nevera.

Me he olvidado la levadura. ¿Qué hago?

No pasa nada, nos ha sucedido a todos. Lo bueno que tiene que hayas amasado tu masa y esperado es que los ingredientes se habrán mezclado muy bien. Puedes añadir la levadura sin problema volviéndola a amasar. Si temes que te pueda costar introducirla, puedes usar un poquito de agua para diluirla antes de mezclarla con el resto de la masa.

¿Cómo sé que el pan está bien fermentado?

Repasa las últimas recetas del capítulo de fermentación. Hay panes que tienen que ir justitos de fermentación (normalmente, los que se abren de forma explosiva), otros tienen que fermentar en un punto intermedio (la barra) y otros tienen que fermentar hasta casi el límite (el mollete o el pan de molde). Puedes juzgar el desarrollo de la fermentación por el volumen (usa el móvil para tomar fotos y ver cómo evoluciona) o por el tacto: toca la masa durante la fermentación y observa cómo cada vez ofrece menos resistencia al tacto. Una masa joven suele volver con fuerza, de forma elástica; una masa con una fermentación intermedia suele tardar un par de segundos en volver a su estado original, y una masa muy fermentada no vuelve en absoluto y conserva el hueco donde has apretado con el dedo. Por último, la forma de la masa también te lo puede indicar. Una masa «joven» guarda muy bien su forma; cuando está fermentando en un bol, verás que es ligeramente abombada (1), convexa, mientras la masa de un pan pasado de fermentación muestra una superficie totalmente plana cuando está en el bol y se desparrama cuando la vuelcas. Combina estas tres percepciones: volumen, tacto y forma.

La miga ha quedado muy apelmazada

Hay panes cuya miga es apelmazada, así que asegúrate de que no sea el caso. Si el pan tenía que tener una miga más abierta, comprueba que hayas usado una harina como la que se indica (tal vez tu harina absorba más agua). Si todo es correcto, lo más probable es que te haya faltado amasado (o pliegues) o que tengas un problema con la fermentación. Paradójicamente, tanto una masa corta como una masa pasada de fermentación pueden dar como resultado una miga apelmazada. ¿Cómo diferenciarlas? Por el aspecto exterior del pan. Si el pan se ha caído mucho, si está desparramado, seguramente esté pasado de fermentación. Si el pan no ha crecido mucho, pero ha abierto una greña violenta (a veces por donde no tocaba), posiblemente le falta fermentación.

A la masa le ha salido piel

Es muy importante que la masa esté cubierta durante la fermentación (salvo que lo indique expresamente la receta, como sucede en algún caso excepcional). Si estás en un ambiente seco (o con aire acondicionado) se puede hacer una fina piel con gran facilidad, lo cual no solo afeará el resultado final, sino que puede incluso dificultar el crecimiento de la pieza. Si ya le ha salido piel, puedes intentar vaporizarla con agua levemente y cubrirla.

Al meter el pan al horno he cometido un error y no lo he colocado como quería

A veces sucede cuando metes dos piezas o tienes que colocar una pieza grande. Contra lo que piensa mucha gente, no pasa nada por abrir el horno durante la cocción, el pan no se va a venir abajo. Simplemente, ten cuidado de respetar la fase de vaporización (entre otras cosas, para no quemarte con el vapor), y aprovecha el momento en que abres el horno para sacar el vapor, y recoloca entonces tus panes. No hay prisa, tómate tu tiempo.

1 Una masa aún joven muestra un aspecto convexo
2 Mismo pan muy corto de fermentación, corto de fermentación, bien fermentado y pasado (caído)
3 Miga del mismo pan, corto de fermentación y bien fermentado
4 Miga del mismo pan con una fermentación corta, intermedia y larga

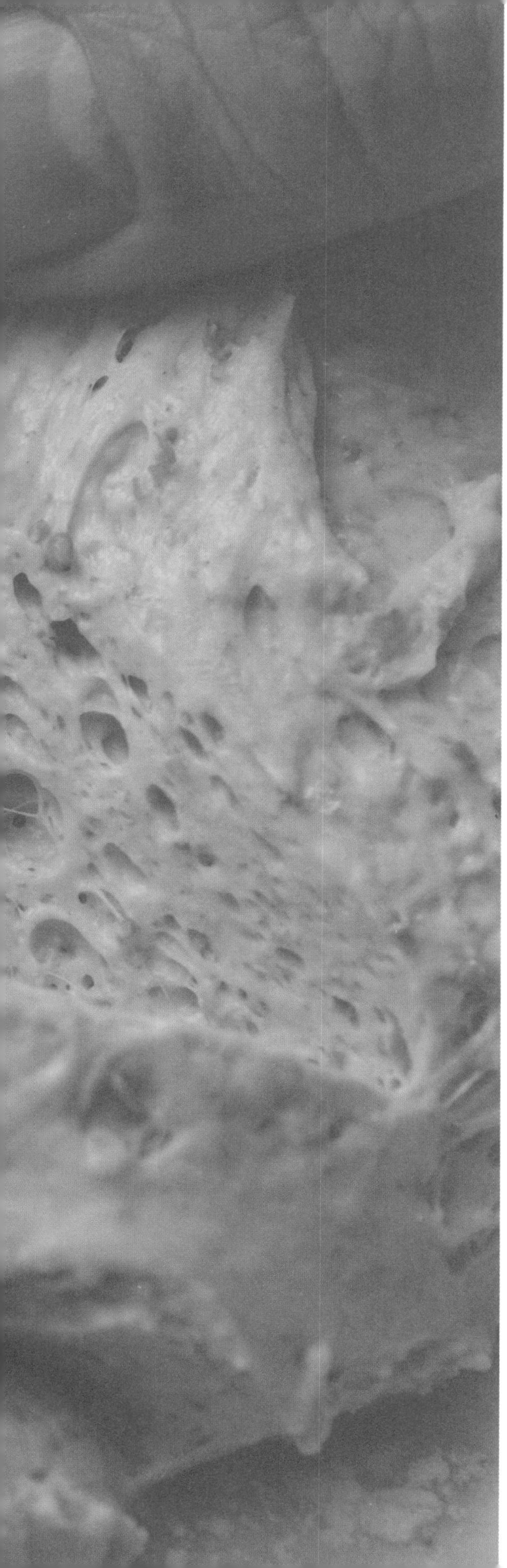

4. FERMENTACIÓN EN FRÍO

FERMENTACIÓN EN FRÍO

Presentación

Aunque el producto sea el mismo, hacer pan en casa es bastante distinto a hacer pan en el entorno profesional. En una panadería, el pan es lo primero y todo se adapta a él: los panaderos han trabajado toda la vida de noche para que el pan estuviera listo por la mañana. Las instalaciones, los materiales y los procesos de un obrador están pensados para que la masa sea la reina. Sin embargo, aunque seas un apasionado, en tu cocina, el pan representa una pequeña fracción de lo que se elabora allí. Además, el tiempo que le dedicas al pan tiene que llevarse bien con tu trabajo, tu familia y tus otras aficiones. Esto nos deja con un paisaje algo complicado cuando quieres mezclar trabajo, familia y ocio con las largas fermentaciones que suelen garantizar un pan de calidad. Por suerte, desde hace décadas las panaderías han descubierto que puedes usar el frío de la nevera para gestionar los tiempos de fermentación. Curiosamente, este es un recurso profesional común en todas las casas y nos puede dar una gran libertad (y hacer que amemos el pan).

Conoce tu nevera

¿Cómo usar la nevera para hacer pan? Lo primero es conocer tu nevera. Escoge una de las recetas de este capítulo para aprender y practícala varias veces, como si hubieras cambiado de sartén o de hornillo. Las primeras veces serán una toma de contacto para comprender los detalles del funcionamiento de ese nuevo utensilio. Por ejemplo, si tienes una nevera vieja y en casa sois muchos, es probable que su temperatura sea elevada y no muy estable. Por el contrario, si vives solo o en pareja y tienes una nevera muy nueva con las últimas tecnologías, sin duda será un medio mucho más frío y estable, lo cual influirá de forma directa en la fermentación de la masa. Incluso considerando una misma nevera, piensa que en la zona más alta la temperatura es mayor y en la parte más baja (donde suelen ir las verduras) la temperatura es menor. Tenlo en cuenta.

La idea básica es sencilla: el frío de la nevera no detiene por completo (ni mucho menos de forma inmediata) la fermentación. Lo que buscamos es que la masa vaya fermentando en la nevera, pero ralentizándose hasta llegar a un punto en el que casi se detenga, con lo que conseguiremos que el pan no se pase de fermentación. Es algo mágico, como si dejaras un arroz o una pasta justo antes de estar al punto y lo pudieras reservar para acabarlo al día siguiente. Como hemos visto antes, una masa de pan suele estar en torno a los 24-25 °C, por lo que, si la metemos en una nevera a 4 °C (muchas no lo están), la masa no pasará de 24 °C a 4 °C de forma instantánea. Habrá un periodo de enfriamiento en el que la fermentación irá ralentizándose (pero no deteniéndose). Por eso, lo que tienes que hacer es usar una cantidad comedida de levadura (si usas mucha, no habrá nevera que la pare) para que la masa pueda trabajar durante las primeras horas en la nevera antes de irse a dormir, momento en el que te da completa libertad.

Tres ejemplos de uso

Este capítulo te propone las maneras más habituales de utilizar la nevera para hacer pan. Aquí es esencial entender que usas la nevera para facilitarte la vida. Dependiendo del tipo de pan que quieras hacer (o de tu organización o tu nevera), te podrá interesar una de las tres. Cada una tiene sus ventajas. El ejemplo del que parten es que preparas la masa por la tarde-noche, al llegar a casa tras el trabajo (pero adáptalo a tu ritmo de vida).

Puedes dejar preparada la masa, fermentarla un poco antes de meterla a la nevera y dejar que fermente allí toda la noche. Al día siguiente, tendrás que sacar la masa, formarla y dejar que fermente (la segunda fermentación) antes de formarla y hornearla. Al pan de trigo duro le viene muy bien este reposo en nevera de la masa, ya que gana en sabor, aroma y corteza.

En el segundo caso, hacemos la primera fermentación fuera de la nevera, formamos el pan y lo metemos ya formado en la nevera, para que fermente hasta detenerse por el frío. Al día siguiente solo tienes que sacarlo de la nevera y hornearlo directamente, de la nevera al horno; da grandes resultados (como verás en el barrote rústico). Es un sistema muy cómodo, ya que el segundo día solo tienes que hornear. De hecho, ese día lo primero que haces al llegar a casa del trabajo es encender el horno.

Por último, la hogaza de tres días nos ofrece un recurso para aquella gente que piensa que no tiene tiempo para hacer un buen pan porque siempre llega tarde a casa. Este pan divide el tiempo de trabajo en pequeños ratos. Un día amasas (fermentas la masa en la nevera), al día siguiente formas (fermentas el pan formado en la nevera) y al tercer día lo sacas de la nevera y lo horneas. Es esencial que entiendas que esto es un recurso maravilloso, una herramienta, pero bajo ningún concepto tiene que ser contemplado como una esclavitud. La nevera nos libera, hace que el tiempo sea flexible.

1

2

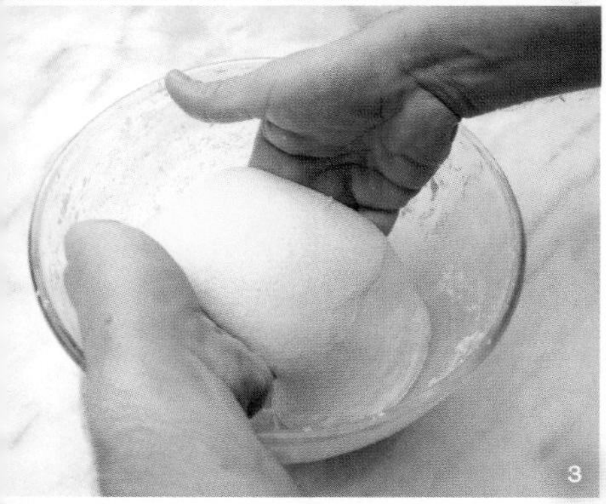
3

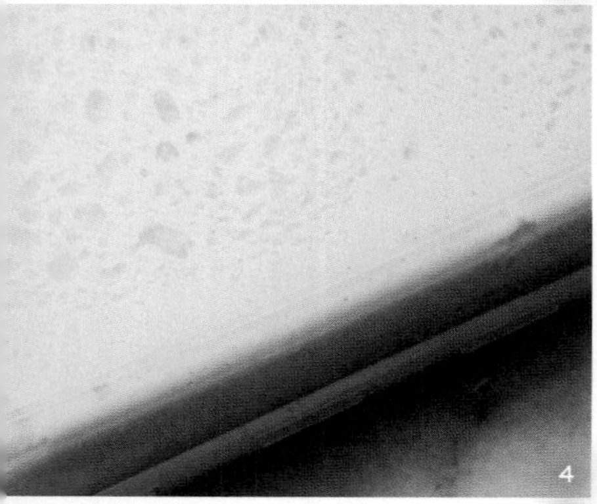
4

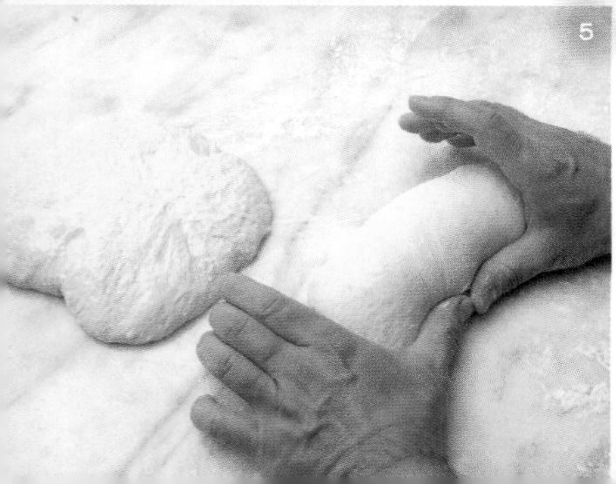
5

6

Nevera en la primera fermentación

Pan de trigo duro

Ingredientes

600 g de harina de trigo duro (sémola fina, semolina)
480 g de agua
12 g de sal
3 g de levadura fresca (equivalente a 3 garbanzos) o 1 g de la seca

Usar la nevera durante la primera fermentación hace que, por ejemplo, puedas dejar listo el pan la noche antes, mientras preparas la cena o ves tu serie favorita. Al día siguiente tienes flexibilidad para sacarlo cuando te venga bien, ya sea durante la mañana, por la tarde o a la noche. Solo necesitarás 1 h para que fermente más el tiempo de cocción. El trigo duro (a menudo un gran desconocido) funciona genial con la nevera, ya que da una gran corteza y un sabor dulzón.

Método

La noche antes, mezcla la harina y el agua (reserva 20 g para luego, por si acaso) ayudándote del mango de una cuchara (1). Deja que la masa repose 1 h. Este periodo (llamado autolisis) hará que se cohesione y mejoren sus características plásticas.

Tras 1 h, añade la sal y la levadura (puedes ayudarte con 10-20 g de agua para que se disuelvan e incorporen mejor) y mézclalas bien (2). En lugar de amasar sobre la mesa, en este caso propongo amasar a pliegues. Pliega la masa (3), estirándola con las dos manos (mojadas) suavemente hacia arriba antes de arrojarla hacia delante para enrollarla y que gane tensión (p. 22). Haz 4 pliegues separados de 30 min cada uno. Después, métela en la nevera (yo uso un contenedor cuadrado bajo para ocupar menos).

Al día siguiente la masa habrá fermentado (4). Enharina la mesa, divídela en dos partes iguales y forma dos barrotes (5) (p. 30). Deja que reposen sobre una tela enharinada durante 1 h (con un pliegue en medio para que no se peguen).

Vuelca los barrotes sobre una hoja de papel de hornear y da un corte longitudinal (6). Cuécelos a 250 °C, calor solo abajo, con vapor durante 25 min y después otros 40-45 min a 210 °C, sin vapor y con calor arriba y abajo.

¿POR QUÉ ES INTERESANTE ESTA RECETA?

Presenta una técnica muy cómoda para acabar el pan cuando te venga bien sin tener que ser esclavo del tiempo.

Emplea exclusivamente trigo duro, un cereal que a veces se relaciona solo con la pasta, pero que en pan queda impresionante (y tiene una antiquísima tradición).

VARIACIONES

Usa un fermento (una biga) para que mejore el sabor, el aroma y la corteza.

Utiliza esta masa como base para cocas y pizzas.

Haz una variante dulce, con aceite de oliva, azúcar y anís en grano.

1

2

3

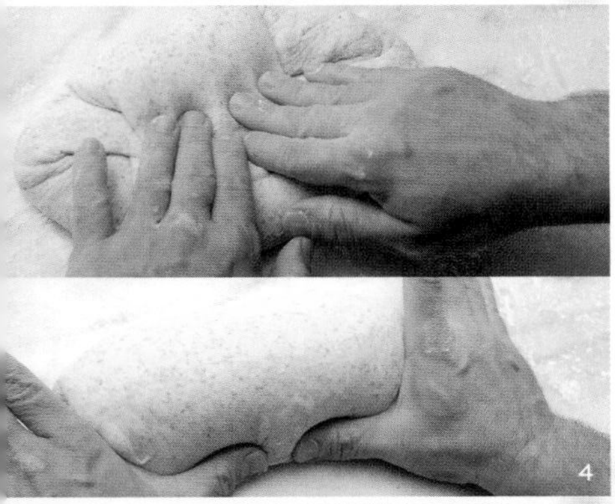
4

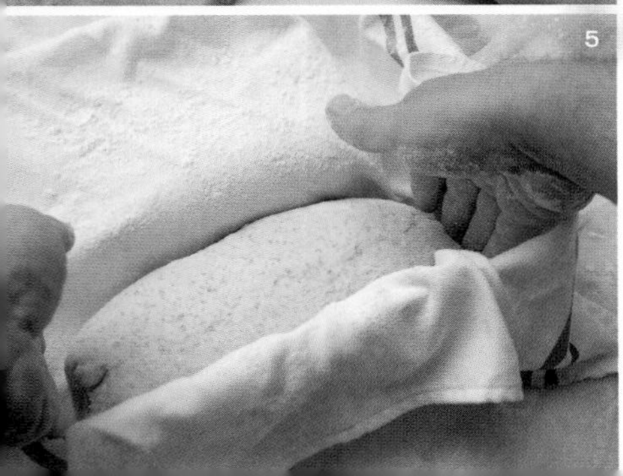
5

6

Nevera en la segunda fermentación

Barrote rústico

Llegar a casa del trabajo y no tener más que meter el pan en el horno, sin esperar, sin fermentación, sin dejar que se temple: un sueño hecho realidad. La segunda fermentación en nevera requiere de atención (para que la masa no sobrefermente) y conocimiento de la nevera de cada uno (hay que practicar un par de veces), pero resulta comodísima.

Ingredientes

poolish

75 g de harina panificable

75 g de agua

1 g de levadura fresca (equivalente a 1 garbanzo) o, si es seca, 1/3

Para la masa

poolish

350 g de harina panificable (o mezcla de floja y de fuerza a mitades)

150 g de harina integral de trigo (mejor molida a la piedra)

330-350 g de agua

10 g de sal

¿POR QUÉ ES INTERESANTE ESTA RECETA?

El dominio de la nevera (tras un par de pruebas) permite tener pan sin mucho esfuerzo. Te dejas listo el trabajo y solo hay que hornear. Vale tanto para diario como para un día especial en que quieres sorprender. La receta es una base sólida (buen fermento, mezcla de harinas) para hacerla tuya según la repites e introduces tu toque.

VARIACIONES

Añade centeno, frutas y frutos secos, etc. Si no tienes tiempo de hornear el pan, puedes hacerlo el día siguiente. Lo único que pasará es que la masa seguirá aflojándose y el pan quedará más bajo.

Método

Por la mañana, antes de ir al trabajo, prepara el poolish. Disuelve la levadura en el agua, añade la harina y revuelve bien. Déjalo que fermente de 8 a 12 h a temperatura ambiente. Cuando llegues por la tarde o luego por la noche, estará burbujeante (1).

Para la masa final, por la noche, mezcla todos los ingredientes y revuélvelos con fuerza con el mango de una cuchara grande hasta que se forme una masa cohesionada, que será algo pegajosa (2). En lugar de amasar sobre la mesa, en este caso propongo amasar a pliegues (puedes hacerlo mientras preparas la cena). Pliega la masa (3), estirándola con las dos manos (mojadas) suavemente hacia arriba antes de arrojarla hacia delante para enrollarla y que gane tensión (p. 22). Haz 4 pliegues separados de 30 min cada uno. Deja que fermente media hora más antes de bolearla.

Boléala, espera 15 min y forma un barrote (4) (p. 30). Colócalo en un cesto o en un contenedor alargado forrado con una tela bien enharinada (5). Deja que fermente de 30 a 60 min y mételo en la nevera (p. 90).

Al día siguiente, saca el pan de la nevera y hornéalo directamente. El choque térmico hará que suba bien en el horno. Vuelca el barrote sobre una hoja de papel de hornear y da un corte longitudinal (6). Cuécelo a 250 °C, calor solo abajo, con vapor durante 20 min, y después otros 40-45 min a 210 °C, sin vapor, calor arriba y abajo.

1
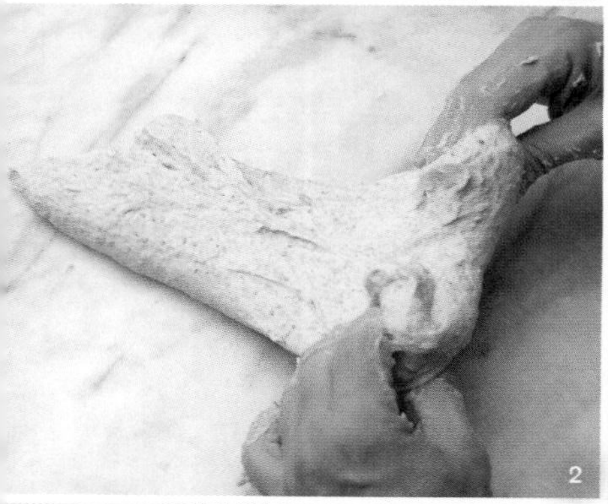
2

3

4

5

6

Nevera en las dos fermentaciones

Hogaza de tres días con sésamo

Ingredientes

Fermento
65 g de harina integral de trigo (mejor molida a la piedra)
40 g de agua
0,5 g de levadura o ⅓ si es seca

Masa final

fermento
350 g de harina panificable (o mezcla de floja y de fuerza a mitades)
150 g de harina de fuerza
50 g de harina blanca de centeno (o integral tamizada)
330-350 g de agua
35 g de sésamo tostado
10 g de sal

¿POR QUÉ ES INTERESANTE ESTA RECETA?

Se adapta a la vida moderna en la que a veces no disponemos de tiempo. Un poco de tiempo cada día permite el milagro.

El toque de sésamo inspirado en una masa de Xavier Barriga da una clave: a veces un poco de un ingrediente fundamental eleva tu pan a otro nivel.

VARIACIONES

Si no puedes comer sésamo, tuesta un poco de avellana molida u otro fruto seco.

Es un pan jugoso, así que aumenta las harinas integrales y pon más centeno.

No es obligatorio invertir tres días para hacer un pan. Esta receta es, al contrario, una respuesta a una necesidad: no tienes mucho tiempo para hacer pan porque cada día llegas tarde a casa. Este pan propone un método en que, invirtiendo un poco de tiempo cada noche, puedes hacer un pan de campeonato. En esta receta uso un truco del gran panadero Xavier Barriga: una buena cantidad de sésamo tostado potencia el sabor y aroma a cereal.

Método

Por la mañana, antes de ir al trabajo, prepara el fermento. Disuelve la levadura en el agua, añade la harina y revuelve bien hasta formar una bola. Déjalo que fermente de 8 a 12 h a temperatura ambiente.

Para la masa final, por la noche, mezcla todos los ingredientes hasta que se forme una masa cohesionada, será algo pegajosa (1), pero no te pases de hidratación, ya que tras dos días se aflojará.

Como se trata de ahorrar tiempo, amasa de corrido sobre la mesa durante unos 5 min (2). O bien puedes hacer dos o tres tandas de 1 min de amasado y 5 min de reposo. Pliega la masa al cabo de 1 h (3). Antes de irte a dormir, mete la masa en un bol en la nevera.

Al día siguiente, saca la masa de la nevera; mostrará signos de fermentación (4). Vuélcala sobre la mesa enharinada y deja que repose 1 h para que pierda frío (mientras cenas, por ejemplo). Boléala con algo de tensión (piensa que aún le falta un día) y colócala en un bol forrado con una tela enharinada (5). Espera media hora y métela en la nevera.

Al día siguiente, saca el pan de la nevera y hornéalo directamente. Vuelca la hogaza sobre una hoja de papel de hornear y da cuatro cortes (6). Cuécelo a 250 °C, calor solo abajo, con vapor durante 20 min, y después otros 40-45 min a 200 °C, sin vapor, calor arriba y abajo.

Dr. Pan: fermentación en frío

Las primeras veces que fermentes pan en la nevera te tiene que pasar alguna de las siguientes cosas, ya que sencillamente no conoces tu nevera. Es totalmente normal, nos ha pasado a todos, y es tan fácil de solucionar como apuntar los detalles de lo que ha pasado (tiempos, temperatura de la masa, harina, etc.).

NEVERA EN PRIMERA FERMENTACIÓN

La masa no ha crecido

Sacas la masa al día siguiente para formarla y apenas ha crecido. Dependiendo del pan, esto puede no ser muy grave. Comprueba si la masa tiene cuerpo o está totalmente blandurria como un chicle (a veces la falta de fermentación debilita la masa). Si está muy floja, dale un pliegue y ponla a fermentar en un sitio tibio (puedes calentar el horno a 30 °C unos segundos, apagarlo y meter la masa). Espera de 1 a 2 h a que la masa dé signos de fermentación. La solución para la próxima vez es dejarla fermentar un poco más antes de meterla en la nevera o bien, si no dispones de ese tiempo, aumentar a propósito la temperatura de la masa, digamos a 28-30 °C, dado que parece que tu nevera es muy fría. Acuérdate también de colocar la masa en la parte más alta de la nevera.

La masa se ha pasado de fermentación y se ha hundido

Lo que ha pasado es que o bien tu nevera estaba poco fría o bien la masa iba con demasiada fuerza fermentativa (por exceso de temperatura o exceso de levadura). No pasa nada. Sácala con cuidado de la nevera y fórmala siguiendo la receta. Para la próxima vez, intenta que la masa fermente menos antes de meterla en la nevera o bien que esté un poco más fría.

NEVERA EN SEGUNDA FERMENTACIÓN

El pan apenas ha crecido

Has formado el pan el día anterior y, cuando lo sacas para meterlo en el horno, no ha crecido apenas. No lo metas en el horno, ya que corres el riesgo de que quede corto de fermentación. Intenta que crezca un poco antes de hornearlo (puedes calentar el horno a 30 °C unos segundos, apagarlo y meter la masa). No obstante, ten en cuenta que cuando la masa pasa de la nevera al horno, el golpe térmico suele provocar un aumento rápido del volumen. Para la próxima vez, cuando hayas formado el pan, déjalo que fermente un poco más antes de guardarlo en la nevera. De ese modo, la fermentación arrancará con más fuerza y la nevera no podrá pararla tan rápido, dándole tiempo al pan a que crezca.

Al ir a meter el pan en el horno, he visto que está pasado de fermentación, algo hundido

Es algo que suele suceder al principio cuando usas la nevera para la segunda fermentación. Por decirlo así, has hecho una apuesta por una combinación de temperatura de la masa, tiempo de fermentación y temperatura de la nevera, y la combinación ha fallado. Puede ser que la nevera no enfríe bien, intenta poner la masa en la parte más baja (el cajón de las verduras), o bien acortar el tiempo que la masa está fuera de la nevera. Es decir, fórmala y métela directamente a la nevera. Si la masa está muy caliente o fermenta muy rápida, puedes incluso meter la pieza recién formada al congelador durante unos minutos antes de pasarla a la nevera para que fermente allí toda la noche.

No me cabe el pan en la nevera

Es una queja típica, ya sea porque la nevera es pequeña o porque está muy llena. En este caso optar por hacer la primera fermentación en nevera puede ser una mejor opción. Puedes dejar toda la masa en un contenedor bajo, y así haces que 2 kg de masa, por ejemplo, no ocupen mucho más que dos tetrabriks tumbados, mientras que dos panes de 1 kg en fermentación dentro de un bol o cesto ocuparían mucho más. Otra técnica es usar los cajones de la verdura, que son amplios, y a la verdura no le suele pasar nada por estar una noche fuera de la nevera.

La masa se ha pegado al trapo

Esto puede ocurrir con cualquier pan, pero los panes fermentados en la nevera son especialmente susceptibles debido al largo tiempo que la masa pasa en contacto con la tela. Lo primero es seleccionar una tela poco adherente (intenta que no tenga mucho rizo o hilos sueltos; mejor si es un algodón tupido o lino) y luego utiliza más harina de la necesaria, siempre la puedes quitar después. Si ya te ha pasado, usa la rasqueta y espolvorea harina para ir despegando la masa poco a poco.

En el horneado, al pan le han salido unas ampollitas en la corteza

Es muy normal, suele suceder en pan fermentado en frío. Curiosamente, hay culturas en las que se considera un defecto del pan, como en Europa, donde las fábricas de aditivos venden un producto para evitarlo, mientras que en otros lugares como en EE. UU. (o en una parte de la nueva panadería) se considera una virtud, ya que suele ser signo de una larga fermentación.

El pan ha salido muy plano

La fermentación prolongada en nevera es una prueba muy dura para una masa, por lo que es normal que sufra y a veces se hunda. Puede ser por varios motivos: porque la harina fuera muy floja (cambia parte de la harina de la receta por harina de fuerza), puede que le falte amasado, especialmente algún pliegue más durante la fermentación, antes de formar, para ayudar a dar estructura a la masa; intenta formar con un poco más de tensión.

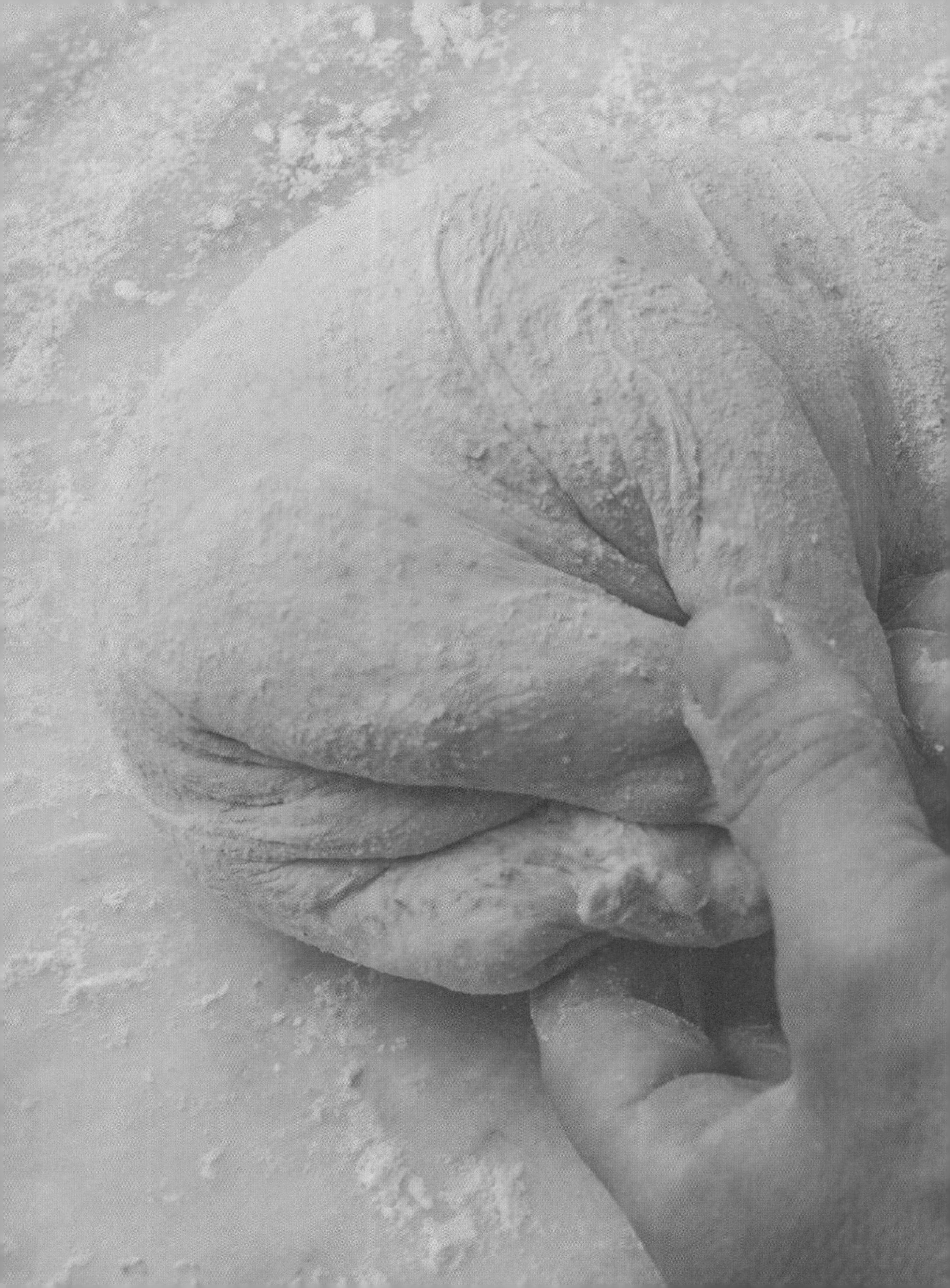

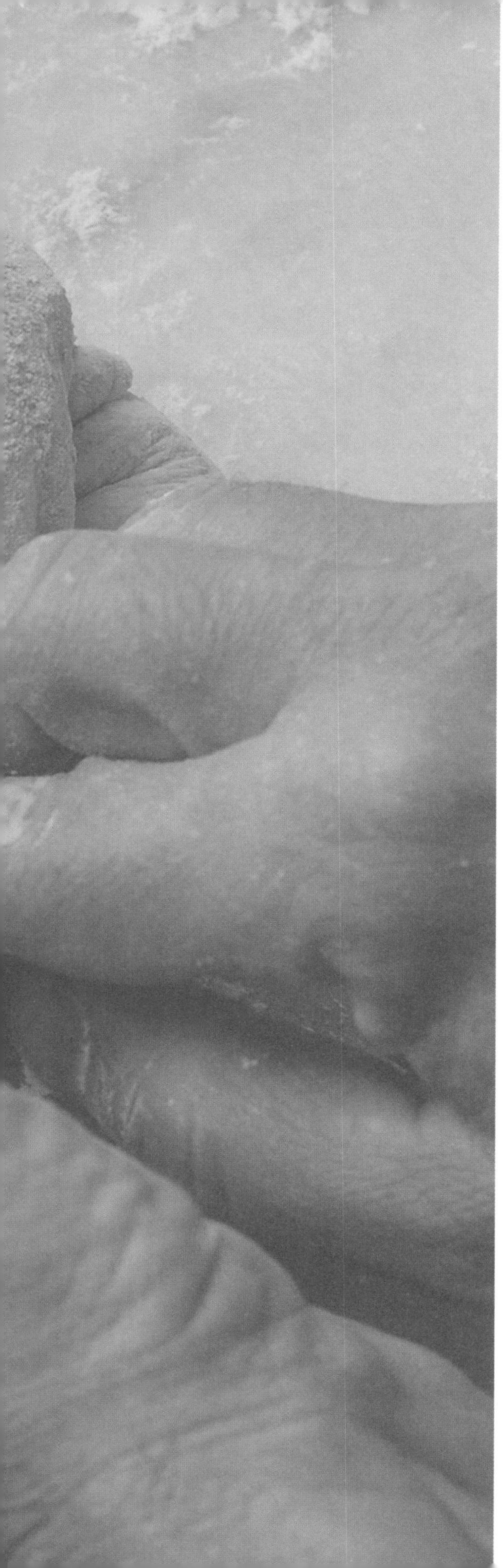

5. FORMADO

Presentación

¿Por qué formamos el pan? ¿Para que sea bonito? ¿Para mejorar su estructura? ¿Para cambiar su sabor? ¿Para que nos entre en el horno?

En realidad, todas esas respuestas son correctas, y aún más, dependiendo del pan y el panadero. En el entorno profesional, la mayoría de los panes se venden de acuerdo a formatos establecidos, por lo que es normal que un obrador tenga que producir muchas piezas de una forma y peso similares. Esto, además, simplifica el horneado, ya que todas las piezas iguales necesitarán una cocción pareja, mientras que si tienes dos piezas distintas, la más grande necesitará más tiempo y, si las metieras juntas en el horno sin más acción, una de las dos saldría mal (o cocida o poco hecha). Sin embargo, en el ámbito casero no estamos sometidos a varias de las obligaciones de un obrador, por lo que el punto de vista puede cambiar. Así, dependiendo del pan, podemos prescindir del formado, o bien hacer formados más laxos, con grandes resultados. Esto no quita que para elaborar algunas piezas clásicas (barra, pizza, ensaimada, bagel) hayamos de dar al pan la forma característica que le es propia.

Pan sin formado

Tras una buena primera fermentación, la masa básicamente tiene casi todo lo que queremos de un pan: sabor, aroma, esponjosidad. Sin embargo, tras el tiempo de fermentación, la masa se suele relajar, por lo que, si la enhornáramos tal cual, sería normalmente algo plana y no se obtendría todo su potencial. Por eso es habitual formar el pan, con lo que se vuelve a tensionar el gluten para que la pieza gane en volumen final. No obstante, hay masas que tienen bastante cuerpo, por la combinación de harinas e hidratación. El pavé de chocolate y avellanas es un buen ejemplo: si lo llevas a una merienda o fiesta, nadie echará de menos el formado. Es sencillísimo y la falta de formado no le resta nada.

Formar sin formar

Cero esfuerzo, cero pringue (no se mancha la mesa), el formado «sin formar» de este pan «caníbal» es un recurso perfecto. Tras la primera fermentación, la masa simplemente recibe un poco de tensión directamente en el bol donde hará la segunda fermentación. Como es un formado muy suave, la segunda fermentación es rápida, lo cual es muy cómodo. Es importante que no desgasifiques apenas la pieza, para que conserve la estructura que ha logrado durante la fermentación. Probablemente, esta técnica sería demasiado suave para dejar que la masa fermentara toda la noche en la nevera.

Formado en un paso

El gesto de boleado es un recurso esencial, y a menudo lo único que necesitas. En el pan integral multisemillas (uno de los más sabrosos del libro), se emplea como único movimiento del formado. Dependiendo de la masa, puedes ajustar la intensidad con la que boleas. Puedes hacerlo suave, respetando más la estructura interna de la masa (si tiene mucha fuerza o quieres una segunda fermentación más corta), o bien puedes hacerlo con un poco más de intensidad y darle así fuerza adicional a la masa para que aguante la segunda fermentación.

Formado en varios pasos

Una lección esencial de los bollos de matalahúva y aceite de oliva es que, para afrontar un formado más complejo, es esencial tener paciencia y seguir una coreografía de gestos y reposos en la que los reposos son tan importantes como los gestos. Si los apresuras, la masa no se relajará lo suficiente y el resultado será mediocre, menos esponjoso y más pequeño.

En el caso de los msemmen, la idea de reposo entre los distintos pasos es sencillamente crucial y constituye una gran lección. Es un pan bastante rápido de realizar (no tiene fermentación y se cuece en unos pocos minutos en la sartén), pero eso no tiene que hacer que te apresures. Lo que quieres es sacar el máximo partido de la masa, así que respeta los tiempos y usa una harina sin mucha fuerza; de lo contrario, el estirado será más difícil, a menos que..., lo has adivinado, ¡esperes aún más!

Por último, la trenza de almendras garrapiñadas reúne varios formados en un formado, lo cual también es una gran fuente de aprendizaje. Para empezar, como pasa con otros panes de formado complejo, la masa no ha de ser demasiado húmeda, ya que es más fácil que perdiera la forma. Por otro lado, aúna en una sola elaboración varios de los gestos de formado que hemos visto: el boleado de la masa, el formado de los cabos (como si fueran barras) que requiere de varios pasos, y finalmente el trenzado. Esta receta ofrece, además, una inusitada alternativa de bollería vegana.

1

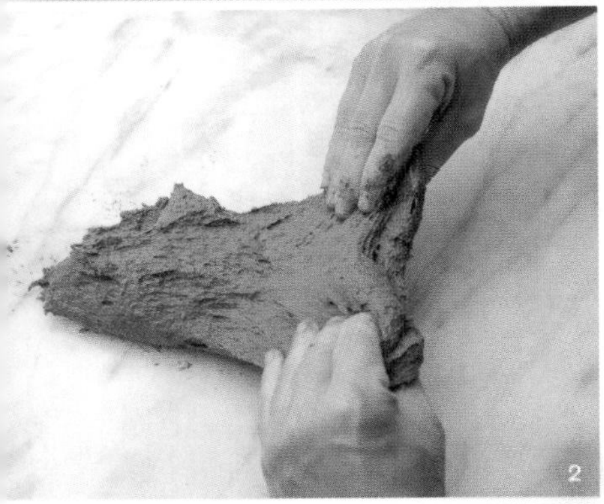
2

3

4

5

6

Ingredientes

Masa

200 g de harina panificable (o mezcla de floja y de fuerza a mitades)

200 g de harina integral de trigo (mejor molida a la piedra)

40 g de cacao puro en polvo

320-340 g de agua

9 g de sal

3 g de levadura fresca (equivalente a 3 garbanzos) o 1 g de la seca

Relleno

75 g de chocolate negro en pepitas

100 g de avellanas tostadas peladas

¿POR QUÉ ES INTERESANTE ESTA RECETA?

Con nulo esfuerzo y cero destreza en el formado, se consigue una pieza que llama la atención por su color, sabor y textura. Es una pieza en la que el pan se expresa de manera natural, la textura que tenemos es la de la fermentación sin más manipulación.

VARIACIONES

El sabor mejoraría mucho con una buena cantidad de fermento, también con una parte de centeno integral.

Cambia las avellanas por fruta confitada, como naranja, o el chocolate por frutas secas, como pasas de ciruela u orejones.

Pan sin formar

Pavé de avellanas y chocolate

Eliminar el formado no equivale a hacer un mal pan. Estos «adoquines» de aspecto pétreo, pero textura jugosa y sabor para enloquecer, no requieren de ninguna pericia con las masas y consiguen un gran resultado. La ausencia de formado se presta perfectamente tanto a este tipo de masas densas y jugosas como a muchas muy aireadas, como las chapatas. No hay formado ni se dan cortes antes del horno, pero tampoco se echan de menos.

Método

Mezcla todos los ingredientes de la masa ayudándote del mango de una cuchara (1). Deja que la masa repose 10 min y después amasa a intervalos, dando tres tandas de 30 s de amasado separadas por 5 min (2).

Extiende la masa sobre la mesa e incorpora las avellanas y el chocolate de forma homogénea (3). Corta la masa por la mitad, pon una mitad sobre la otra y repite el gesto varias veces hasta que los ingredientes estén bien distribuidos.

Fermenta de 2.30 a 3 h (4). Vuelca la masa sobre la mesa muy enharinada y enharina después la masa también por encima. Ajusta un poco las esquinas para formar un rectángulo y córtalo en cuatro partes (5). Dales la vuelta y colócalas sobre una hoja de papel de hornear y déjalas que reposen 10-15 min mientras se calienta el horno, hasta que empiecen a abrirse grietas en la harina (6).

Cuécelos en un horno a 240 °C, calor arriba y abajo, durante un total de 15-17 min, con vapor durante los primeros 5 min (p. 32).

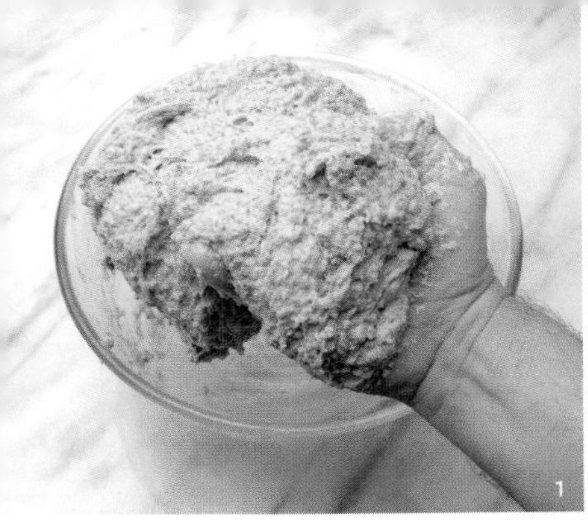
1

2

3

4

5

6

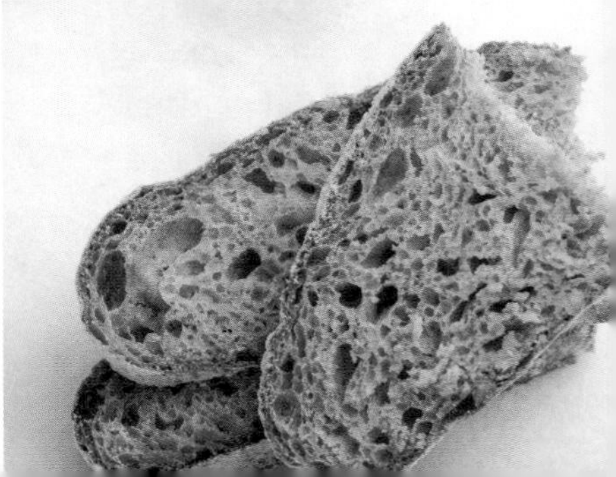

Formar sin formar

Pan caníbal semiintegral con avena

Ingredientes

Poolish

125 g de harina panificable (o mezcla de floja y de fuerza a mitades)

125 g de agua

0,5 g de levadura fresca (equivalente a medio garbanzo) o un tercio si es seca

Masa final

poolish

200 g de harina panificable (o mezcla de floja y de fuerza a mitades)

200 g de harina integral de trigo (mejor molida a la piedra)

220-240 g de agua

10 g de sal

Para el pan «canibalizado»

50 g de pan viejo (mejor integral, centeno o algo sabroso)

75 g de agua

Para la avena

50 g de avena en copos

100 g de agua hirviendo

¿POR QUÉ ES INTERESANTE ESTA RECETA?

Presenta la idea del reciclaje y la incorporación de otros cereales que dan incontables matices a uno de mis panes favoritos del libro.

VARIACIONES

Un trozo viejo de pan de masa madre de tu panadería favorita dará alma a este pan.

Usar pan viejo para hacer pan es una técnica tan vieja como el pan. Suena un poco extraño, pero el reciclaje es una práctica muy panadera y puede aportar al pan nuevas dimensiones de gusto, matices humildes, pero inesperados. Las notas de aroma y sabor del pan viejo son increíbles, y las exploramos aún más tostando el pan antes de usarlo. Además, la avena escaldada aporta una jugosidad extraordinaria. Añade semillas o especias (anís en grano, alcaravea, comino) a la pasta de pan y agua; usa pan de centeno o, para un pan integral, atrévete a reciclar unas viejas magdalenas secas o un trozo olvidado de bizcocho de chocolate.

Método

La noche anterior prepara por separado los tres componentes previos del pan. Mezcla los ingredientes del fermento y deja que fermente toda la noche. Tuesta el pan, pícalo fino y mézclalo con el agua. Por último, vierte el agua hirviendo sobre la avena.

El día siguiente, mezcla todos los ingredientes de la masa con los tres componentes previos (reserva un poco de agua, por si acaso), la masa será algo húmeda, pero ha de tener cuerpo (1). Amásala en tres tandas de pliegues (2) separadas por 30 min (p. 22).

Una vez amasada, fermenta entre 2.30 y 3 h, dando un pliegue a la mitad del tiempo. Forra un bol con un trapo bien enharinado, vuelca la masa directamente dentro del bol (3), sin bolear. Ahora trae los bordes hacia el centro, como formando un hatillo, creando tensión para que la hogaza conserve su forma (4).

Fermenta 45-60 min, vuelca la masa sobre una hoja de papel de hornear y córtala en rejilla grande. Para facilitarte el corte, puedes marcarlo primero con la parte roma del cuchillo y luego cortar sobre esas guías (5 y 6).

Enhórnalo a 250 °C, calor arriba y abajo, con vapor durante 15 min (p. 32), y luego baja a 210 °C y continúa otros 45 min más.

1
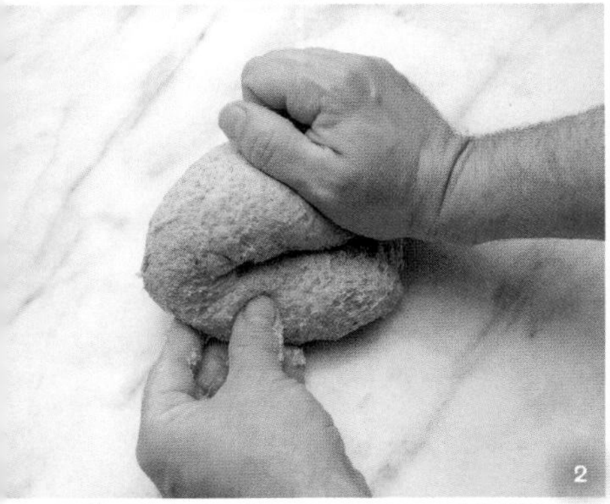
2

3
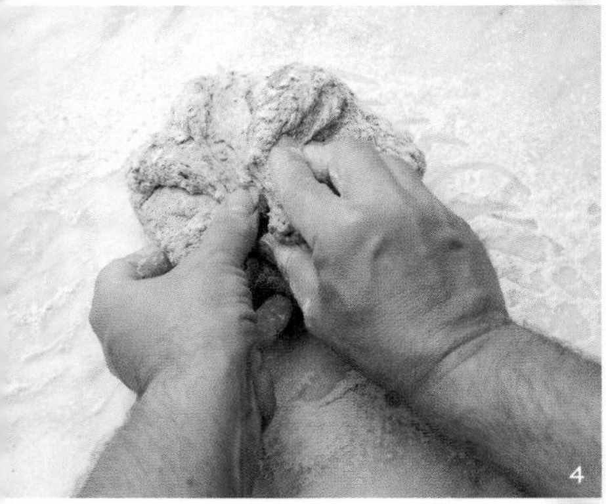
4

5

6

Formado en un paso

Pan integral multisemillas

Ingredientes

Fermento

100 g de harina integral de trigo (mejor molida a la piedra)

50 g de agua

0,5 g de levadura fresca (equivalente a medio garbanzo) o un tercio si es seca

Masa final

fermento

350 g de harina integral de trigo (mejor molida a la piedra)

150 g de harina integral de centeno (mejor molida a la piedra)

280-300 g de agua

10 g de sal

1 g de levadura fresca (equivalente a 1 garbanzo) o un tercio si es seca

Para las semillas

150 g de mezcla de semillas (girasol, sésamo, lino, amapola, calabaza, etc.)

150 g de agua

Este pan, sabrosísimo por las harinas integrales y las semillas, se forma en un solo gesto. El boleado puede servir para dar el formado definitivo en forma de bola, como en este pan, o bien como paso intermedio para preparar la masa de cara a un formado más complejo, como veremos en la siguiente receta.

Método

La noche anterior prepara por separado los dos componentes previos del pan. Mezcla los ingredientes del fermento y deja que fermente toda la noche. Tuesta las semillas en una sartén muy grande sin parar de mover, hasta que huelan delicioso (sin quemarlas), échalas en un bol con el agua para que se empapen.

El día siguiente, mezcla los ingredientes de la masa con el fermento (reserva un poco de agua, por si acaso, ya que las semillas incorporan mucha agua). La masa tiene que quedar firme, pegajosa por ser integral, pero te tiene que pedir un poco de agua (1). Amásala de corrido sobre la mesa durante unos 5 min (2).

Extiende la masa sobre la mesa e incorpora las semillas de forma homogénea (3). Corta la masa por la mitad, pon una mitad sobre la otra y repite el gesto varias veces hasta que las semillas estén bien distribuidas (4).

Fermenta de 2 a 2.30 h. Vuelca la masa sobre la mesa y forma un hatillo trayendo los bordes al centro. Ahora, hazla rodar sobre el pliegue al tiempo que la arrastras por la mesa para generar tensión (p. 30). Colócala en un bol forrado con un trapo bien enharinado.

Fermenta entre 1 y 1.30 h, vuelca la masa sobre una hoja de papel de hornear y córtala en rombos (6).

Enhórnalo a 250 °C, calor arriba y abajo, con vapor durante 20 min (p. 32), y luego baja a 200°C y continúa otros 45-50 min más.

¿POR QUÉ ES INTERESANTE ESTA RECETA?

Enseña cómo tratar las semillas para sacarles aún más sabor y jugosidad, y que es más fácil amasar si las incorporamos tras el amasado. Por ello, la masa inicial debe ser más seca, un truco que hace que su manipulación sea más fácil.

1

2

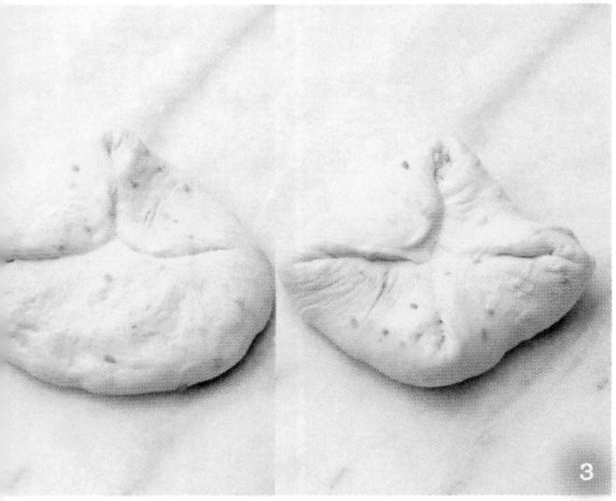
3

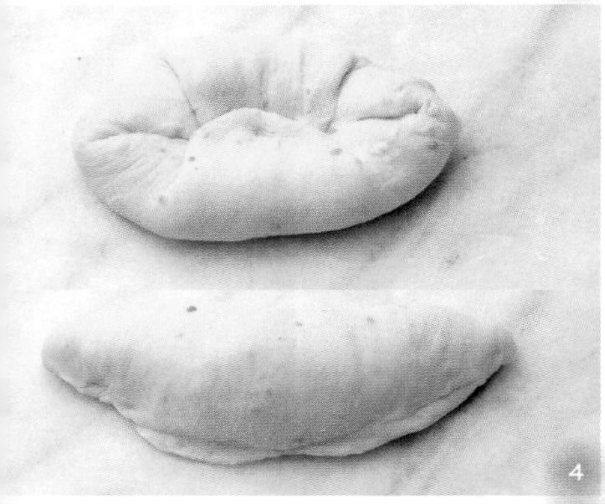
4

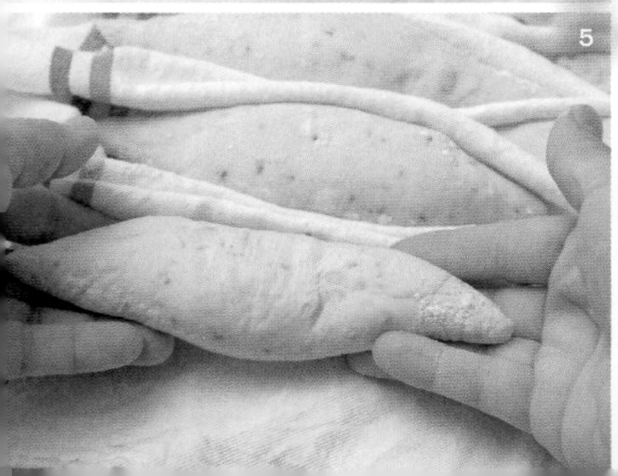
5

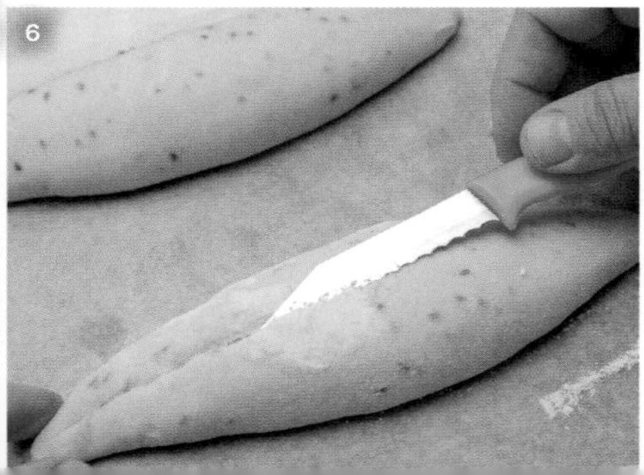
6

Formado en varios pasos (barra)

Bollos de matalahúva y aceite de oliva

Ingredientes

Poolish

75 g de harina panificable (o mezcla de floja y de fuerza a mitades)
75 g de agua
0,5 g de levadura fresca (equivalente a medio garbanzo) o un tercio si es seca

Masa final

poolish
500 g de harina panificable (o mezcla de floja y de fuerza a mitades)
225-240 g de agua
30 g de aceite de oliva
10 g de sal
10 g de matalahúva (anís en grano)
2 g de levadura fresca o 0,7 g si es seca

¿POR QUÉ ES INTERESANTE ESTA RECETA?

Muestra los pasos básicos para formar barras, barrotes o bollos alargados y la importancia de los reposos y de ir sin prisa, marcando bien cada punto del proceso.

Cada vez que la hagas, anota tiempo, temperatura, harinas, etc., a fin de sacar conclusiones para aprender.

VARIACIONES

Puedes añadir sésamo al anís de la masa, combinar anís con limón, o añadir un poco de manteca de cerdo para suavizar más la miga.

El formado de barras y bollos requiere de una coreografía bien pautada en la que cada detalle es importante. Por eso se necesita práctica para dominarlo. Además, esta es una receta en la que el punto de fermentación es esencial para que el pan se abra bien en el horno. Por eso es una buena escuela, una base para practicar y aprender.

Método

La noche anterior, prepara el poolish. Disuelve la levadura en el agua, añade la harina y revuelve. Déjalo que fermente de 8 a 12 h a temperatura ambiente.

Al día siguiente mezcla todos los ingredientes (reservando un poco de agua) en un bol. Tiene que ser una masa no muy pegajosa, agradable de amasar. Amásala de corrido durante unos 7-10 min sobre la mesa, hasta que esté fina.

Fermenta entre 2.30 y 3 h y divide la masa en seis porciones de unos 150 g. Boléalas suavemente, no para formarlas, sino para prepararlas para el formado final, que sean todas homogéneas (2). Deja que la masa se relaje durante 15 min.

Para formar (p. 30), sobre la mesa levemente enharinada, aplasta la bola de masa, recoge los bordes hacia el centro como si formaras la punta de un avión de papel. Gira la masa 180º y vuelve a repetir el gesto (3). Ahora, mete las dos puntas hacia el centro y finalmente sella el bollo como si fuera una empanadilla (4). Por último, haciendo rodar el bollo por la mesa, aprieta con las palmas de las manos para afinar las puntas.

Coloca los bollos en una tela enharinada, plegando la tela para que no se peguen entre sí (5). Fermenta 45-55 min y pasa los bollos a una hoja de papel de hornear. Da un corte longitudinal con el cuchillo inclinado (6).

Enhórnalos a 250 °C, calor solo abajo, con vapor durante 5 min (p. 32), y luego continúa sin vapor, calor arriba y abajo, durante otros 10-12 min más.

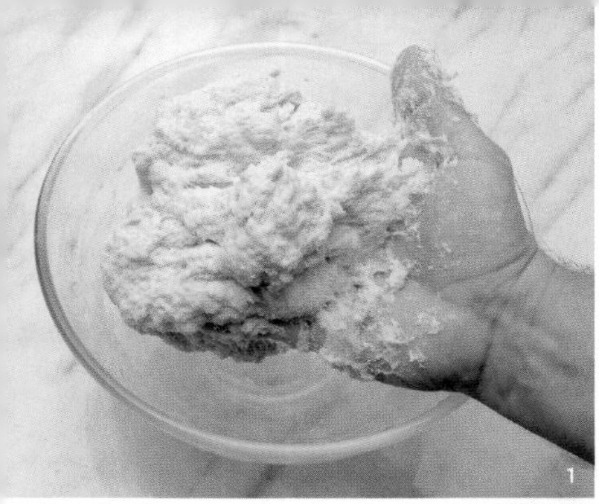
1

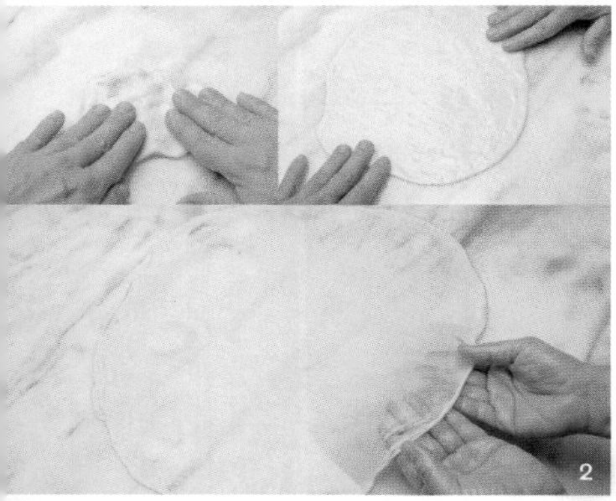
2

3

4

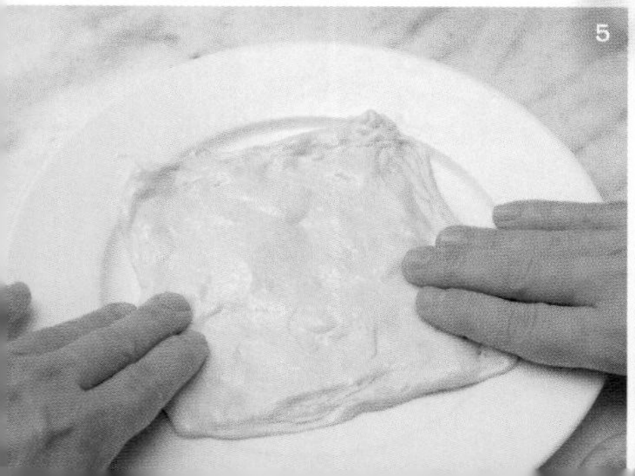
5

6

Formado a pliegues

Msemmen

Ingredientes

250 g de harina floja
250 g de harina de trigo duro (sémola fina, semolina, harina de fritura)
300 g de agua
10 g de sal

Aceite de oliva suave para el formado mantequilla fundida y más sémola fina para el relleno

¿POR QUÉ ES INTERESANTE ESTA RECETA?

Enseña una manera sencilla de hojaldrar; es alucinante ver cómo se estira la masa hasta ser una membrana transparente.

Educa en los reposos, clave para manipulaciones en varios pasos.

Presenta un pan que se hace en sartén, sin horno.

VARIACIONES

Cuando está viejo del día anterior, unos segundos en la tostadora le devuelven su gloria.

Rellénalos durante el formado con alimentos ya cocinados o que apenas necesiten mucho calor y, cuando los pases por la sartén, ya tendrás una comida completa.

Este pan plano hecho en sartén presenta una arcaica técnica de hojaldrado que lo emparenta con la ensaimada y con elaboraciones de los Balcanes a Turquía. No tiene fermentación y sus ingredientes son mínimos. Es una gran escuela para las manos, ya que enseña a tratar la masa con delicadeza y a darle sus reposos para poder estirarla bien.

Método

Mezcla todos los ingredientes en un bol; será una masa un poco pegajosa, pero no muy húmeda (1). Deja que repose 10 min y amásala sobre la mesa durante unos 5-10 min hasta que quede fina. Divide la masa en bolas de unos 100 g y deja que reposen entre 30 min y 1 h (cuanto más reposen, más fácil será el formado).

Aceita ligeramente la mesa de trabajo. Aplasta la bola con las manos, también un poco aceitadas, y vete estirándola hasta tener un disco de unos 20-25 cm de diámetro (2). Entonces empieza a estirar la masa como si ventilaras una sábana al hacer la cama; levanta una chispa la masa y estira de ella con suavidad para ganar superficie, poco a poco, hasta que sea translúcida y mida cerca de 50 × 50 cm.

Esparce unas gotas de mantequilla fundida sobre la masa y espolvorea un poquito de sémola (hazlo en cada nuevo pliegue). Pliega la hoja de masa en tres, como un tríptico, formando una banda ancha (3). Después, pliega en tres la banda de masa hasta formar un cuadrado (4), que contendrá el hojaldrado con las gotas de mantequilla y la sémola.

Forma todos los cuadrados y deja que reposen bien tapados al menos 10 min antes de cocinarlos. Calienta la sartén a fuego medio (5 o 6 sobre 10). Estíralos hasta que midan casi 15 cm de lado y cuécelos durante unos 4-5 min, dándoles la vuelta cada 30 s (6). Es normal que se hinchen durante la cocción.

1

2

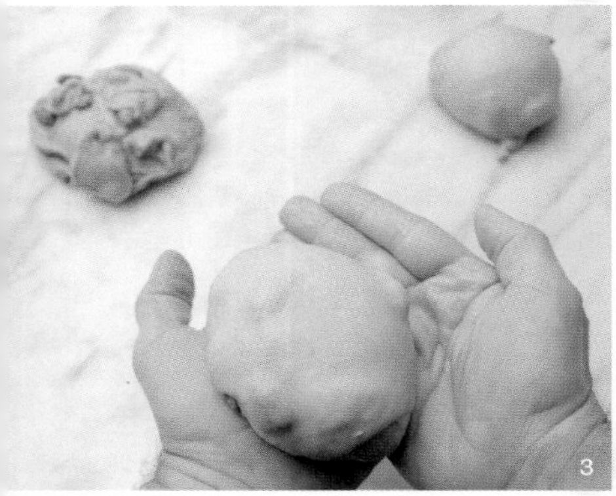
3

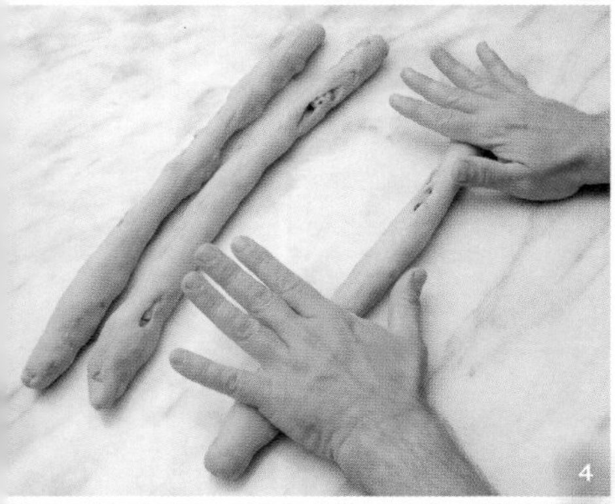
4

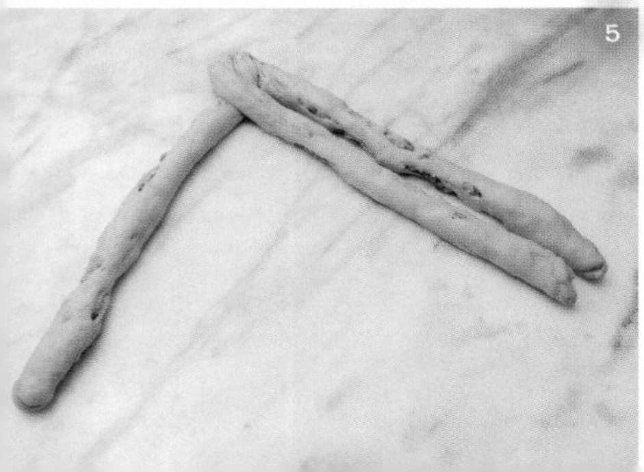
5

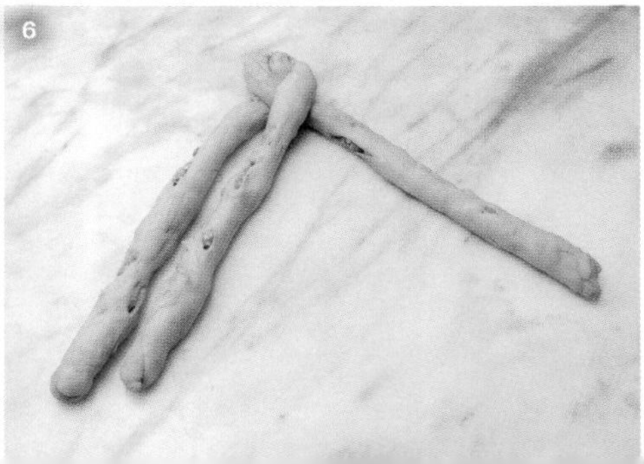
6

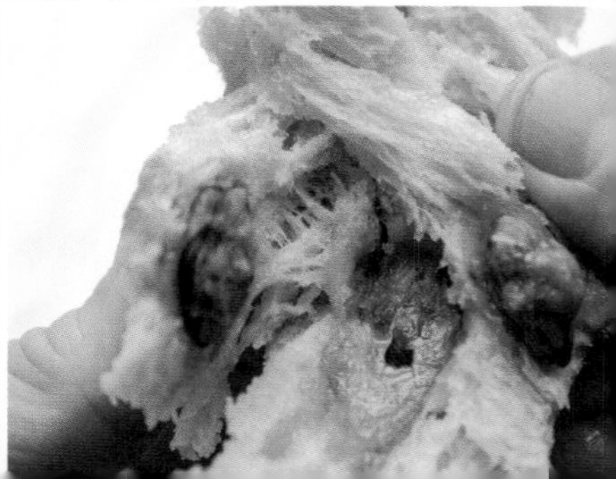

Formado complejo en varios pasos

Trenza de almendras garrapiñadas y aceite de oliva (vegana)

Para formados complejos es importante no tener prisa y hacer los pasos marcados dando a la masa los reposos necesarios para que se relaje y permita la manipulación óptima. Esta trenza presenta una deliciosa masa de bollería vegana que puedes usar como base para casi cualquier elaboración dulce.

Ingredientes

Escaldado
40 g de harina floja
80 g de agua hirviendo

Masa final
escaldado
300 g de harina de fuerza
125 g de harina floja
110-130 g de agua
60 g de aceite de oliva
60 g de azúcar
15 g de melaza o miel de caña
15 g de levadura fresca o 5 g si es seca
8 g de sal
ralladura de un limón

Relleno
150 g de almendra garrapiñada

Brillo para pincelar
5 g de harina floja
150 g de agua

¿POR QUÉ ES INTERESANTE ESTA RECETA?

Muestra las claves para formados complejos y presenta una alternativa de bollería vegana con trucos para ganar esponjosidad y brillo en la pieza.

VARIACIONES

Usa un fermento previo. Deja que la masa haga la primera fermentación en la nevera.

Cambia el aceite por otra grasa (puedes fundir 25 g de manteca de cacao y añadirle 35 g de aceite de oliva y dejar que se enfríe).

Método

Para el escaldado, vierte el agua hirviendo sobre la harina y revuelve hasta formar una pasta fina. Deja que se enfríe antes de usarlo (puedes hacerlo la víspera).

Mezcla todos los ingredientes de la masa; será un poco pegajosa, pero con cuerpo, muy buena para trenzar (1); si fuera muy húmeda, sería más difícil. Amasa de corrido hasta que esté fina. Añade las garrapiñadas: extiende la masa, pon las almendras encima y divide la masa en dos, pon una mitad sobre la otra y vuelve a dividir la masa en dos, así hasta que las almendras estén bien distribuidas. Fermenta unas 2 h, divide en tres porciones iguales y boléalas (2). Deja que reposen 10 min y forma bastones de unos 10 cm de largo (3). Deja que reposen otros 5-10 min y estíralos hasta que midan unos 50 cm de largo (4).

Para trenzar, junta los tres cabos en un extremo y ábrelos como un abanico. Pasa el cabo de la izquierda sobre el central y déjalo en la posición central, paralelo al derecho (5). Ahora, pasa el cabo derecho sobre el central y déjalo en la posición central paralelo al izquierdo (6). El movimiento siempre es el mismo: traer el cabo exterior al centro, así hasta acabar.

Fermenta la trenza entre 2 y 2.30 h. Mientras tanto, prepara el baño de brillo. Disuelve la harina en el agua, caliéntala hasta que hierva y deja que se enfríe. Antes de hornear, pincela la trenza con el baño.

Cuece la trenza unos 30-35 min a 180° C, calor arriba y abajo. Nada más salir del horno, vuelve a pincelarla otra vez con el baño de brillo.

6. CORTE

CORTE

Presentación

Corte y greña

Si observas el escaparate de una panadería, verás que normalmente hay panes de distintos tamaños y formas y que muchos de ellos han recibido cortes antes de entrar al horno. En el horno, la masa ha crecido y se ha expandido por el corte, este tipo de apertura se llama «greña» (hay incluso panaderos que llaman «greñar» al acto de practicar los cortes en la masa de pan). Por ejemplo, la greña de la baguete es muy característica. Asimismo, hay algunos panes que tienen unos cortes compuestos muy complejos, con patrones que, por un lado, tienen un carácter decorativo, pero, por otro, pueden tener una función inusitada con consecuencias en el sabor del pan. Por ejemplo, si coges un pan redondo de masa no muy húmeda y le das cuatro cortes en la superficie formando un cuadrado (un corte típico en hogazas), conseguirás una corteza lisa menos presente que si haces un corte en forma de rejilla. Al cortar en rejilla lograrás que haya más superficie expuesta al calor del horno, lo que puede conseguir más corteza (de forma similar a lo que hacen con las patatas onduladas para conseguir que crujan más que las lisas convencionales). Hay distintas maneras de cortar el pan y distintos motivos, pero ¿es realmente necesario?

En este capítulo te presento cuatro recetas que responden a esta pregunta y describen las opciones más habituales que siguen el resto de los panes del libro (y, en general, los panes que puedas encontrar).

Panes «girados»

Una manera tradicional y sencilla de conseguir una buena greña es, paradójicamente, no dar corte alguno a la masa de pan antes de que entre en el horno. El truco está en que son masas que se giran, se ponen boca arriba, y lo que exponen al calor del horno es el sellado que has hecho durante el boleado. Este sellado es, por su propia naturaleza, irregular, por lo que el resultado es irregular y «orgánico». Los bollitos aromáticos suecos juntan a una explosión espectacular el hecho de que su masa es oscura y los manipulas con bastante harina blanca, así que el efecto no puede ser más increíble. El pa de pagès (p. 82) funciona exactamente igual. De hecho, es un recurso que puedes hacer con muchas masas, pero con dos condiciones importantes: que la masa no sea demasiado húmeda (ya que una masa muy húmeda no suele abrirse tan bien) y que la masa vaya justa de fermentación; si tu masa está demasiado fermentada, el pan no se abrirá. Esta es una lección esencial a la hora de cortar. A menudo, el éxito no reside en lo bien que has cortado, sino en que el pan estaba en su punto justo de fermentación.

Greña por contacto entre masas

Otra técnica tradicional de conseguir que el pan se abra de forma espectacular sin corte alguno es hacer que su masa se organice de modo que distintas partes se toquen; el punto en el que se tocan actuará de greña natural. Los panes de polea como el de este capítulo funcionan así, pero también panes como la taja navarra, el fendu francés, el pan de tres moños de Aragón, etc. En estos panes, todo el misterio está en controlar el punto de fermentación para conseguir que el pan se abra de forma más violenta o más suave. Si la masa está pasada de fermentación, el pan apenas se abrirá; si la masa está joven, las partes se separarán con fuerza.

Greña por contacto

La idea del «corte por contacto» expuesta en el pan de polea se puede refinar aún más, dirigiendo las fuerzas de la masa durante su expansión en el horno, como lo haría un artista del origami, plegando con astucia la masa y disponiéndola para conseguir un resultado de foto. La tabaquera es una pieza que emplea la técnica de crear una capa de masa fina que se abre por contacto con la parte principal de la masa. No obstante, se emplea un truco para conseguir un mayor efecto; no solo se usa harina para evitar que la masa se pegue (como se hace en los panes girados), sino que se emplea un poco de aceite para que la masa no se pegue en ciertos puntos y pueda así despegarse con gran belleza. Estudia y repite esta pieza y anímate a innovar con las formas. Un truco sencillo es tener dos pinceles, uno con aceite (para que una parte se separe de otra) y otro con agua (para que se adhiera más aún).

Corte clásico

La barra es el pan más difícil de este libro, ya que requiere una buena mano en el punto de fermentación y también en el momento del corte. Así que piensa en ella como un proyecto de aprendizaje, que hay que repetir hasta cogerle el tranquillo. El corte de la barra es canónico: la cuchilla se usa inclinada, para que la greña se abra como una ola, y los cortes se dan de forma oblicua y paralela (como verás en la receta). Curiosamente, y en esto la barra es una gran lección, el corte es superficial; es decir, una gran greña no depende de que el corte sea profundo. Tan solo en panes muy específicos, como el candeal (p. 52) o el integral de reciclaje (p. 170), haremos un corte algo más profundo, ya que la masa es más densa.

1

2

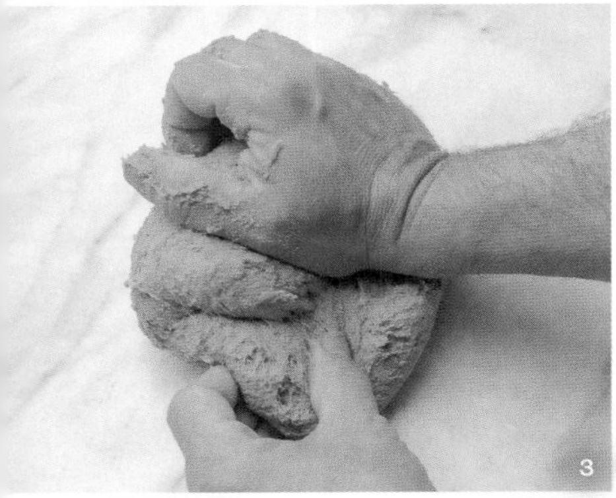
3

4

5

6

Pan sin corte

Bollos suecos con escaldado aromático

Ingredientes

Escaldado aromático

100 g de harina blanca de centeno (o integral tamizada)
200 g de agua hirviendo
1 cucharadita de anís en grano, molido
1 cucharadita de hinojo en grano, molido
ralladura de 1 naranja

Masa final

escaldado aromático
300 g de harina panificable (o mezcla de floja y de fuerza a mitades)
100 g de harina blanca de centeno (o integral tamizada)
110-130 g de yogur
50 g de melaza o miel de caña
8 g de levadura o 3 g si es seca
8 g de sal

¿POR QUÉ ES INTERESANTE ESTA RECETA?

Consigue un resultado espectacular sin corte alguno. Presenta el escaldado, un recurso sencillo para lograr masas jugosas y esponjosas. Pero lo lleva un paso más allá, ya que lo usa como infusión aromática en la propia harina.

VARIACIONES

Incorpora un fermento lleno de sabor.

Varía los aromas a tu gusto, haz una pieza grande con toda la masa (y aumenta el tiempo de horneado).

No todos los panes necesitan recibir un corte para abrirse en el horno. Una manera fácil de conseguir que el pan se abra de forma espectacular es colocarlo boca arriba y dejar que se abra por el punto de unión en el boleado. Un formado suave, sin aplastar mucho, y una fermentación justita consiguen el efecto. Esta receta, además, presenta una manera estupenda de lograr jugosidad y sabor en un pan.

Método

Para el escaldado, vierte el agua hirviendo sobre la harina y revuelve hasta formar una pasta fina y homogénea (1). Deja que se enfríe antes de usarlo (puedes hacerlo la víspera).

Mezcla todos los ingredientes de la masa. Es muy importante que no te precipites con el líquido. Al principio parecerá una masa muy seca, pero el escaldado lleva mucha agua (2). Deja que la masa repose 10 min y después amasa a intervalos, dando tres tandas de 30 s de amasado separadas por 5 min (3).

Fermenta unas 2.30-3 h, divide la masa en seis partes de unos 150 g cada una y boléalas suavemente (4). Deja que reposen 5 min y trae los bordes hacia el centro de forma delicada, sin apretar mucho (5). Enharina mucho un trapo y pon los bollos boca abajo, con el cierre tocando la harina. Fermenta los bollos unos 30-45 min y colócalos boca arriba en una hoja de papel de hornear (6).

Enhórnalos a 250 °C, calor solo abajo, con vapor durante 7 min (p. 32), y luego continúa sin vapor, calor arriba y abajo, durante otros 10-12 min más, hasta que se doren bien, incluso lleguen a tostarse un poco las partes más abiertas.

1

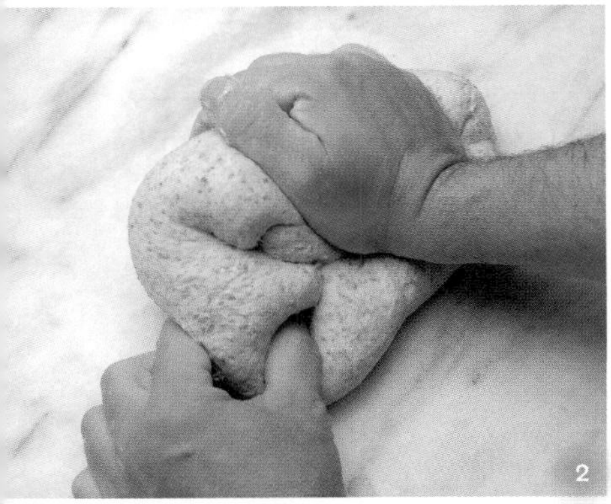
2

3

4

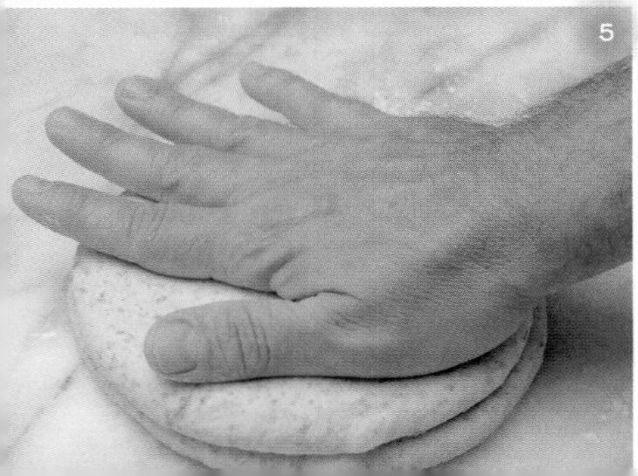
5

6

Corte por contacto entre masas

Pan de polea semiintegral con trigo duro

Los panes de dos pisos (de polea, de carrucha) son muy comunes en muchas culturas y, aunque se pueden formar de varias maneras, en el horno suelen funcionar de forma similar. Dependiendo de cómo estén colocadas, el punto en el que dos masas se tocan suele hacer de greña involuntaria en el horno. Desde antiguo se ha usado esta técnica, que los panes de polea emplean con grandes resultados. Un gesto de formado tan antiguo como el pan prepara el terreno para que el punto de fermentación determine cuánto se abrirá la greña.

Ingredientes

Fermento

100 g de harina integral de trigo (mejor molida a la piedra)

100 g de agua

0,5 g de levadura fresca (equivalente a medio garbanzo) o un tercio si es seca

Masa final

fermento

400 g de harina de trigo duro (sémola fina, semolina)

200 g de harina integral de trigo (mejor molida a la piedra)

380-400 g de agua

13 g de sal

¿POR QUÉ ES INTERESANTE ESTA RECETA?

Muestra un formato arcaico (pan en dos pisos), con muchas versiones desde la antigüedad hasta nuestros días. Se puede controlar la cantidad de apertura jugando con el punto de fermentación: a menos fermentación, más apertura, y viceversa.

VARIACIONES

Haz la receta usando exclusivamente trigo duro.

Puedes hacerla en dulce, añadiendo un poco de azúcar, mantequilla y canela a la masa (y reduciendo la hidratación un poco); el resultado es espectacular.

Método

La noche anterior, mezcla los ingredientes del fermento y deja que fermente a temperatura ambiente al menos 12 h, mejor un par más.

Al día siguiente, mezcla todos los ingredientes de la masa. El resultado no tendría que ser muy húmedo (1), ya que el formado no funcionaría. Tras 5 min de reposo, la masa apenas se tendría que pegar a las manos (así que ojo con el agua).

Amasa de corrido unos 5-7 min sobre la mesa (2) y deja que la masa fermente durante unas 3 h.

Divídela en dos piezas iguales (si quieres hacer un solo pan grande, no la dividas). Boléalas suavemente (3) y, para formarlas, aprieta en la mitad de la bola con el canto de la mano al mismo tiempo que arrastras la masa girando hacia delante y hacia atrás, como si fuera un diábolo (4). Coloca un lóbulo sobre el otro y aprieta con la palma de la mano hasta conseguir una polea de unos 5 cm de alto (5). Fermenta los panes entre 50 y 60 min.

Cuécelos con el horno a 250 °C, calor arriba y abajo, con vapor durante 5 min (p. 32), y luego baja a 200 °C y continúa otros 30 min más (45 min más si haces un solo pan).

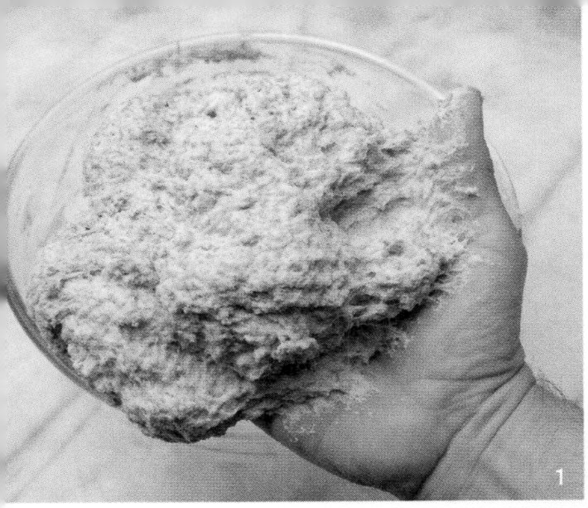
1
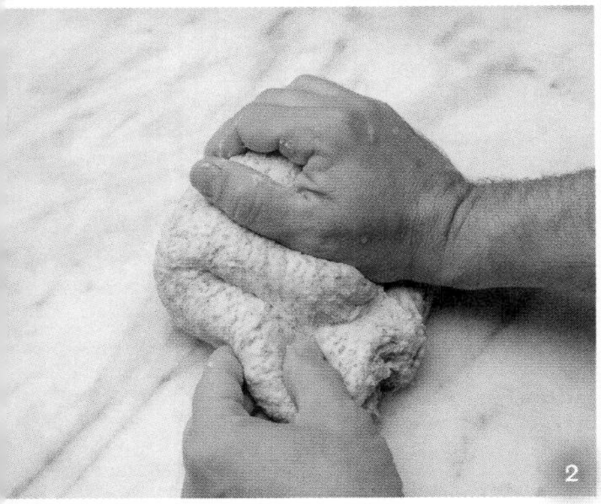
2

3

4

5

6

Ingredientes

Poolish

50 g de harina panificable (o mezcla de floja y de fuerza a mitades)
50 g de agua
0,5 g de levadura fresca (equivalente a medio garbanzo) o un tercio si es seca

Masa final

poolish
250 g de harina integral de trigo (mejor molida a la piedra)
250 g de harina panificable (o mezcla de floja y de fuerza a mitades)
300-310 g de agua
10 g de sal
1 g de levadura fresca (equivalente a 1 garbanzo) o 0,3 g si es seca

Aceite para pincelar

¿POR QUÉ ES INTERESANTE ESTA RECETA?

Es una receta ideal para entender el punto de fermentación de la masa, ya que el hecho de que se abra y cómo se abra dependerá directamente del punto.

VARIACIONES

Puedes aplicar este principio de formado y «no corte» a muchas masas, tanto en pan como en bollería, incluso usar «tapas» hechas con trozos de masa separados (como en el caso del pain auvergnat).

Corte por pliegue

Tabaquera

La tabaquera (del francés *tabatière*) es una pieza clásica que muestra el poder de un plegado preciso. En este caso, además, usamos un poco de aceite para ayudar a que la tapa de la tabaquera se abra con más facilidad. La clave, además de un par de detalles del formado, es (igual que en la anterior receta) dar un punto de fermentación intermedio: si la masa entra demasiado joven, reventará; si entra demasiado pasada, no se abrirá. En muchas elaboraciones antiguas los panes no recibían cortes antes del horno; por el contrario, los panaderos buscaban estrategias para conseguir espectaculares efectos, como en este caso.

Método

Mezcla todos los ingredientes hasta tener una masa algo pegajosa, pero con cuerpo (1). Espera 10 min y amasa de corrido en 5-7 min (2); es una masa agradable de amasar.

Fermenta unas 2 h y divide en cuatro piezas iguales, de unos 225 g. Bolea con intensidad media, rotando la masa sobre la mesa al tiempo que se desliza, haciendo que se adhiera levemente a la mesa, de forma que consigas tensionar la bola de masa (3).

Deja reposar las masas 10-15 min y forma apretando con un rodillo una mitad de la masa hasta hacer con ella una lengua de masa tan larga como la bola (4). Pincela con aceite una franja de 1-2 cm alrededor del borde de la lengua de masa y después pliega la lengua sobre la bola de masa a modo de tapa (5). Pon las masas a reposar con la tapa abajo (6). Fermenta 45-55 min, la masa tiene que estar en un punto medio (pp. 68 y 69).

Cuécelas con el horno a 250 °C, calor arriba y abajo, con vapor durante 5 min (p. 32), y luego baja a 230 °C y continúa otros 20-25 min más.

1

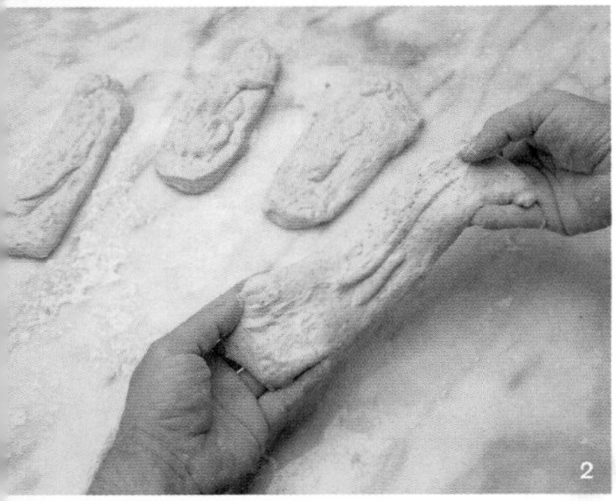
2

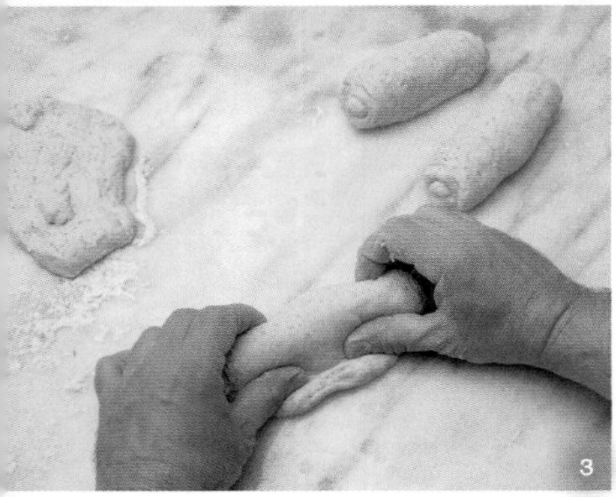
3

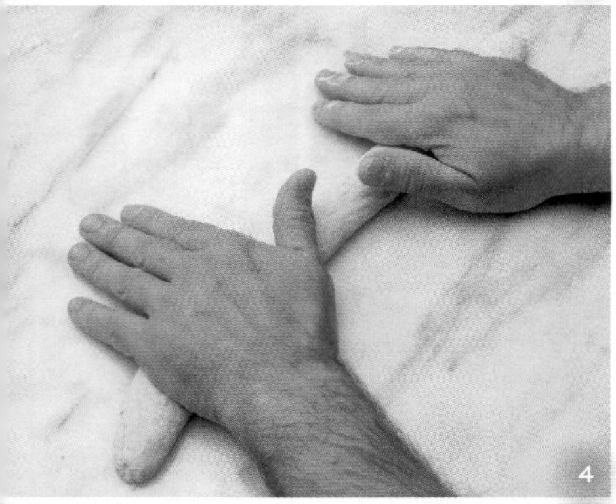
4

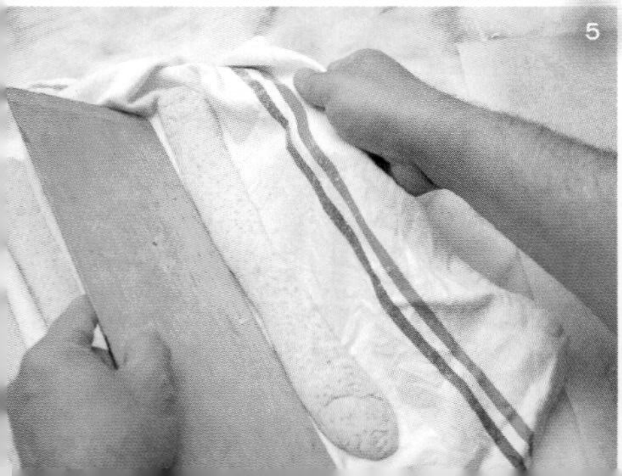
5

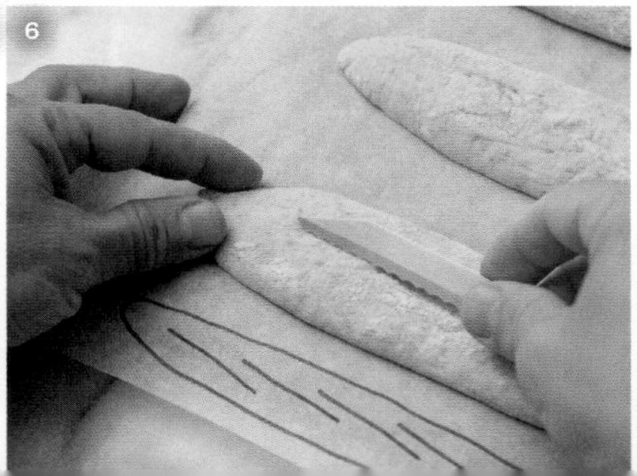
6

Ingredientes

350 g de harina panificable (o mezcla de floja y de fuerza a mitades)
75 g de harina integral de trigo (mejor molida a la piedra)
290-310 g de agua
8 g de sal
2 g de levadura fresca o 0,7 g si es seca

¿POR QUÉ ES INTERESANTE ESTA RECETA?

Acerca una receta clásica (y compleja) con recursos sencillos como el amasado a pliegues, el reposo en nevera y el formado simple enrollando la masa.

Muestra los pasos para conseguir un desarrollo y un corte exitosos (nada sustituye a la práctica, especialmente en recetas como esta).

VARIACIONES

Incorpora un poolish y tendrás un gran gusto, aroma y corteza.

Varía la cantidad de harina integral. Puedes aumentar el peso de la pieza para hacerla más gruesa, pero uno de los encantos de la barra es su diámetro reducido, que incrementa la proporción de corteza respecto de la miga.

Corte clásico

Barra (sin amasado, a pliegues)

Aunque la barra sea un pan muy común, es uno de los más difíciles de hacer. Esta receta propone una barra asequible: sin fermento, sin amasado y con un formado muy simple. La elaboración de una buena barra depende de bastantes matices: el punto de fermentación (ni joven ni pasado) y el corte son esenciales. Esta receta es una base para practicar, ir ganando confianza y aprender.

Método

Como es un pan sin amasado, disuelve primero la sal y la levadura en el agua y añade después las harinas. Revuelve todo con el mango de una cuchara de madera grande (1). Déjalo reposar unos 15 min para que los ingredientes se cohesionen.

Para «amasar», dale cuatro tandas de pliegues separadas por 30 min (p. 22) y mete la masa a la nevera, bien tapada (un gorro de ducha, film, etc.).

Al día siguiente, dispón la masa a modo de rectángulo sobre la mesa enharinada y divídela en cuatro rectángulos iguales de unos 180 g (2).

Durante el formado piensa que no quieres desgasificarlos, sino conservar su estructura. Enróllalos incorporando tensión en cada giro hasta formar rulos de unos 10-12 cm de largo (3).

Deja que reposen 15 min y hazlos rodar sobre la mesa levemente enharinada con las palmas de las manos algo flexionadas (para no aplastarlos), haciendo una leve presión hacia los extremos, de forma que se estiren hasta alcanzar los 40 cm de longitud, el ancho de una bandeja de horno (4). Calienta el horno a 250 °C y espera unos 20-30 min.

Enhórnalos a 250 °C, calor solo abajo, con vapor durante 8 min (p. 32) y luego continúa sin vapor a 240 °C, calor arriba y abajo, durante otros 15-17 min. En esta segunda fase de la cocción puedes usar el ventilador y bajar a 220 °C.

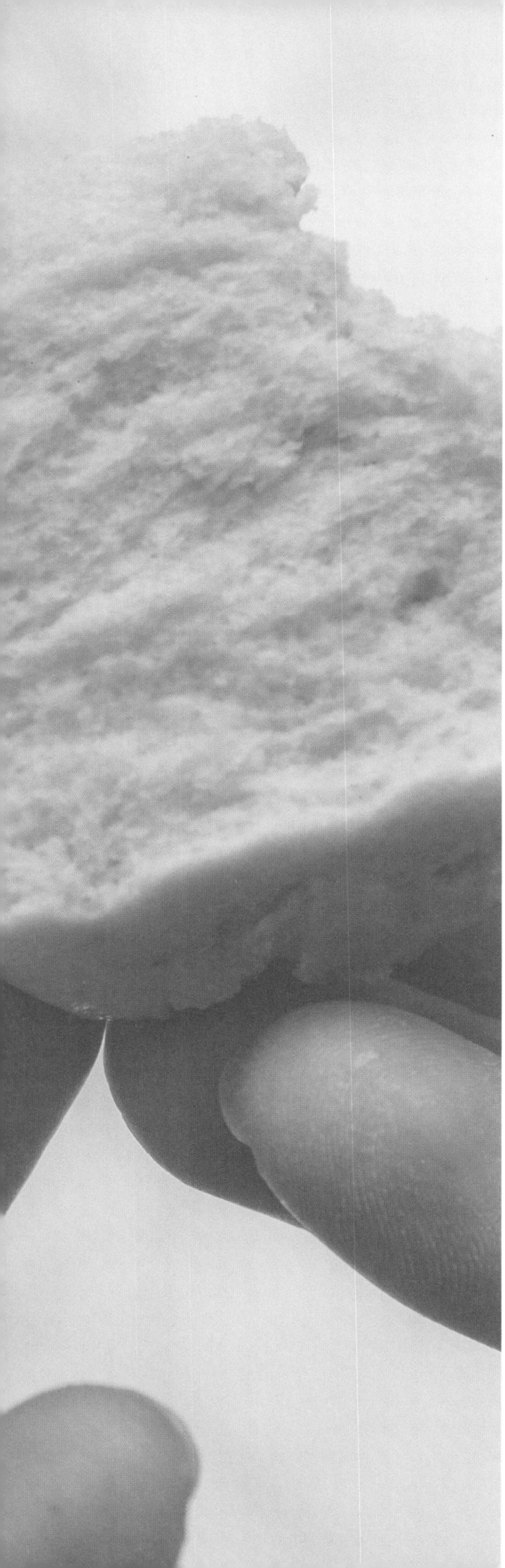

7. COCCIÓN

COCCIÓN

Presentación

Los panes más habituales en nuestra cultura se cuecen en un horno y acaban teniendo una miga esponjosa y una corteza más o menos crujiente (del tierno pan de molde a la poderosa corteza de una hogaza rústica). Sin embargo, existen muchísimas formas de cocer el pan, y cada una produce un resultado distinto, único y especial. Este capítulo intenta mostrar un catálogo de técnicas para que abras la mente y puedas conseguir un abanico inmenso de texturas y sabores. Además, conocer y dominar estas técnicas te da recursos para elaborar panes exquisitos en las más variadas circunstancias.

Panes sobre base caliente

Una de las técnicas más primitivas de cocer pan es usar las brasas para poner encima (o debajo) una fina torta de masa. Si tienes una barbacoa o haces una hoguera, aprovecha las brasas para hacer finas tortas como el lavash (p. 70) bajo brasas. Por suerte, puedes hacer también esas tortas en una sartén o en el horno. De hecho, no tienen que ser panes ácimos, sino que puedes hacer panes esponjosos fantásticos. Lo bueno que tiene la cocción de este tipo de piezas es que es bastante rápida. El bolo do caco de Madeira es un buen ejemplo. El contacto con la sartén le da una fina corteza que conserva el interior jugosísimo. De forma similar, se pueden cocer panes planos directamente sobre la base del horno, ya que esto les da un golpe de calor bestial y se consigue que la base de una coca o una pizza quede dorada. Piensa que panes como la coca de forner se hacen en un horno muy caliente, incluso con brasa o una lengua de fuego en la cámara de cocción. Imitar eso en casa requiere de un poco de imaginación. Si tienes una piedra o plancha de cocción, caliéntala en la base del horno durante al menos 45-60 min (dependiendo del grosor) y luego, para una cocción veloz, colócala arriba, a unos 10 cm del grill, de ese modo tendrás un verdadero infierno para los panes planos que necesiten un gran golpe de calor.

Panes con cocción en agua

En la mayoría de los panes, el interior de una masa de pan no suele pasar de 95-98 °C, así que piensa que esa es la temperatura a la que puedes cocer pan sin problema alguno. Usamos hornos a mucha más temperatura porque nos gusta la corteza y porque son muy rápidos. No obstante, la temperatura que alcanza el agua en ebullición, un baño maría o una cocción al vapor son más que suficientes para cocer una masa de pan. Estas técnicas de cocción tienen varias implicaciones. Como la masa crece en un entorno que no seca la corteza, el crecimiento es el máximo posible (uno de los errores más comunes haciendo hogazas en un horno es la falta de vapor que sella la corteza e impide el correcto desarrollo de la pieza). Por otro lado, estas cocciones producen panes sin corteza, tiernísimos, que son deliciosos y pueden dar mucho juego.

El pan cocido en lata (como el Boston brown bread) es jugosísimo y lleva esa textura al límite, con el añadido de harina integral, sémola y melaza. El bagel es un híbrido, ya que emplea un hervor previo para gelatinizar los almidones de la corteza y así hacer que esta sea tierna y brillante, ideal para bocadillos. Por último, una masa delicada y suave como el mantou, hecha con harina floja y blanquísima, cuando la cueces al vapor, se convierte en una auténtica nube de algodón con una sutil corteza de seda. Una lección de sabiduría panadera.

Fritura

El agua llega solamente a los 100 °C antes de evaporarse, por lo que las cocciones en ese medio son muy suaves. Sin embargo, el aceite puede calentarse muchísimo más, por lo que los azúcares de la masa se caramelizan con más velocidad dando unas cortezas deliciosas. Una costumbre habitual en las panaderías tradicionales era dar un poco de masa de pan (sin cocer) a las clientas, para que los fines de semana hicieran en sus casas masa frita (que recibe distintos nombres en cada zona). Puedes freír casi cualquier masa; intenta que sean piezas pequeñas o planas. La masa de bollería frita tiene infinitas encarnaciones (dónut, buñuelo, berlina, beignet, pączki, etc.), que consiguen sumar a la suculencia de la masa enriquecida con grasa y azúcar la jugosidad de la fritura. Solo hay que tener en cuenta que una masa enriquecida se dora con gran facilidad, por lo que el fuego tiene que ser suave.

Olla

La olla es un recurso interesante, especialmente si tienes un horno poco potente, uno de gas o problemas para controlar sus distintas funciones. Una olla de hierro colado, de barro o de Pyrex es un acumulador de calor que además evita que el vapor se escape, por lo que consigue un buen desarrollo de la masa. No dejes de probarlo si tienes la ocasión (¡pero usa guantes!).

Estas son solo algunas de las formas más habituales de cocer pan, pero las distintas culturas panaderas han creado las suyas propias, dependiendo de sus circunstancias y recursos. Piensa en qué tienes por casa: ¿has probado a hacer pan en el microondas? ¡Sí, claro que se puede!

1

2

3

4

5

Cocción sobre chapa

Bolo do caco

Ingredientes

350 g de harina panificable (o mezcla de floja y de fuerza a mitades)

230-250 g de agua

200 g de boniato o patata cocida o asada*

8 g de sal

5 g de levadura fresca o 2 g si es seca

*IMPORTANTE: la patata asada (horno o micro) pierde más de un cuarto de su peso de agua, por lo que, si la usas cocida, tenlo en cuenta para corregir la hidratación.

¿POR QUÉ ES INTERESANTE ESTA RECETA?

Muestra una manera sencilla y arcaica de cocer el pan con muy buenos resultados.

Enseña cómo la adición de patata a la masa es un gran acierto y abre la puerta a jugar con otros almidones ya cocidos: boniato, legumbres, cereales, pasta, etc.

VARIACIONES

Incorpora un fermento.

Puedes hacer piezas de 400 g para toda la sartén.

Omite la patata, ajusta el agua y tendrás algo similar a un muffin inglés.

Añade una parte de harina integral o sémola de trigo duro para ganar en sabor.

Usa sémola fina para la última manipulación, le da un toque muy aromático.

Durante milenios, el pan se coció sin usar un horno, aunque sea lo más usado en nuestra cultura hoy en día, así que hay muchas estrategias para cocer pan. Con una humilde sartén (un trozo de barro o *caco* en un origen), es posible hacer pan con grandes resultados. Suelen ser panes planos y de cocción relativamente rápida, pero pueden ser esponjosos, como en este caso. Este pan de Madeira, servido con *manteiga de alho* (mantequilla con ajo, sal y perejil), es una demostración, ya que constituye una verdadera fiesta.

Método

Asa o cuece el boniato o la patata, pero intenta escurrirlo bien para que no aporte agua de más a la masa. Mezcla todos los ingredientes: sé muy cuidadoso con el agua, ya que la patata cocida afloja mucho la masa y tarda un poco en hacerlo, mejor pecar de una masa seca al principio, siempre se puede corregir con más agua (1). La masa tiene que ser pegajosa, pero no inmanejable.

Para «amasar», dale tres tandas de pliegues (2) separadas por 30 min y mete la masa en un bol, bien tapada (con un gorro de ducha, film, etc.). Fermenta otros 45-60 min.

Sobre la mesa bastante enharinada, divide la masa en cuatro piezas de unos 175 g y boléalas suavemente (3). Deja que fermenten otros 45-60 min sobre una tela bien enharinada.

Antes de cocerlos, aplástalos un poco hasta que midan unos 12 cm de diámetro. Cuécelos durante un total de unos 10 min en una sartén calentada a fuego medio (5-6 sobre 10), girándolos cada 1 o 2 min para que se hagan bien por los dos lados (4 y 5). Al final, los lados se tostarán, lo que dará una textura y sabor exquisitos.

1

2

3

4

5

6

Cocción al baño maría

Pan cocido en lata (Boston brown bread)

Desde Escandinavia a Asia pasando por América, en medio mundo se cuecen masas al baño maría y al vapor. Esta versión, inspirada en el Boston brown bread (que procede, a su vez, de panes cocidos en lata de la vieja Europa), es bastante particular, ya que no está fermentada, se cuece en una lata al baño maría y está elaborada con harinas integrales y melaza. Esto consigue una miga jugosa, densa y sabrosísima que es inolvidable. Tanto para tomar en el desayuno como en una tabla de quesos es un pan sorprendente.

Ingredientes

150 g de harina integral de trigo (mejor molida a la piedra)
150 g de harina integral de centeno (mejor molida a la piedra)
90 g de sémola de maíz
200-220 g de yogur
150-170 g de agua
35 g de miel de caña
7 g de impulsor químico (Royal)
7 g de bicarbonato sódico
9 g de sal
85 g de pasas de uva

Mantequilla para los moldes

Método

Antes de nada, pon a calentar unos 10 cm de agua en una cazuela en la que quepan dos latas de conserva de unos 800 ml.

Para la masa, mezcla primero los ingredientes líquidos por un lado y los sólidos por otro. Mézclalos en un bol con una cuchara hasta obtener una masa como de bizcocho denso (1).

Unta con aceite o mantequilla las latas y llénalas hasta un poco más de la mitad (2). Coloca un trocito de mantequilla encima de la masa (3) y tapa rápido las latas con papel de aluminio, sellando bien los bordes (4).

Pon las latas a hervir en el agua al fuego mínimo que garantice la cocción (5) y cuécelas entre 2.30 y 3 h. Para asegurarte de que los panes están cocidos, puedes medir su temperatura, tienen que pasar de 95 °C en el centro de la pieza (6). Sácalos de la olla y deja que se enfríen 30 min antes de desmoldarlos.

¿POR QUÉ ES INTERESANTE ESTA RECETA?

Ofrece una alternativa para hacer pan sin horno con un resultado extraordinario.

Muestra cómo, incluso sin fermentación, se pueden hacer panes sabrosos y con mucho carácter.

VARIACIONES

Puedes hacer una versión fermentada, omitiendo los impulsores y usando levadura o un fermento.

También puedes hacer el pan de manera tradicional, al horno en un molde, pero aun así es buena idea usar una tapa.

1

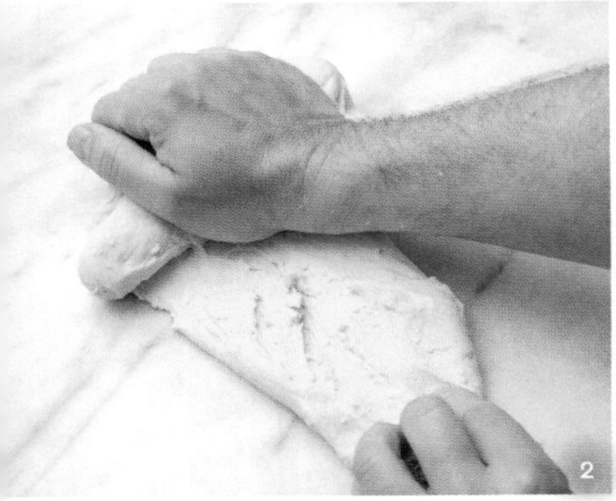
2

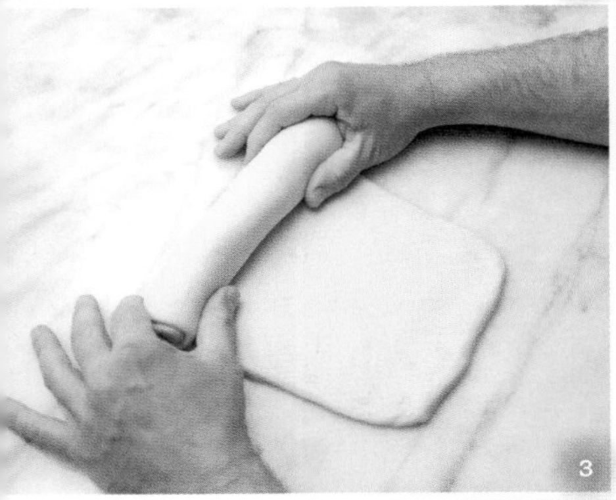
3

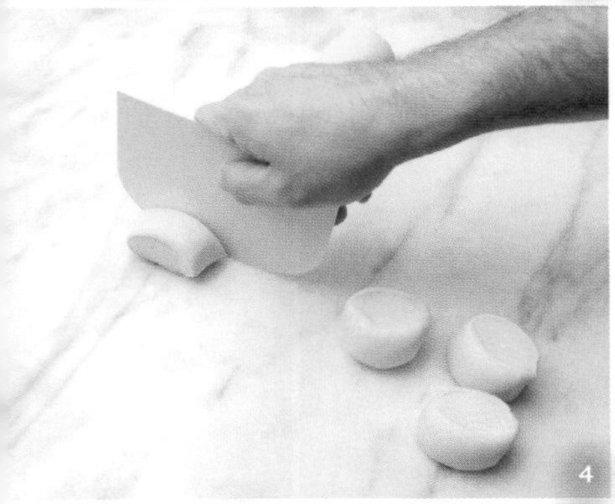
4

5

6

7

Cocción al vapor

Mantou

Ingredientes

500 g de harina floja
190-210 g de agua
25 g de aceite de girasol
25 g de azúcar blanco
10 g de levadura fresca
o 4 g si es seca
5 g de sal

¿POR QUÉ ES INTERESANTE ESTA RECETA?

Presenta una receta clásica de acompañamiento que queda bien tanto para comida asiática como para pasarlo por la plancha y hacer delicados bocadillos con rellenos occidentales.

Muestra el uso de harina floja e hidratación baja para conseguir una miga sedosa; la fuerza y la hidratación no lo son todo.

VARIACIONES

Para lograr una miga aún más sedosa, añade parte de la harina en un tang zhong. Usa leche como parte del líquido.

Utiliza esta masa para hacer bollos rellenos de lo que más te guste o como discos plegados.

Cocer el pan al vapor en lugar de en un horno produce piezas delicadas, de corteza imperceptible y gran esponjosidad (ya que la falta de corteza no limita el crecimiento de la masa). Los mantou son unos exquisitos bollos chinos que dan varias claves de los panes al vapor: harina floja para evitar migas correosas, hidratación contenida para que la pieza conserve su forma y una cocción cuidadosa.

Método

Mezcla todos los ingredientes hasta formar una masa, será bastante seca, casi de candeal (1). Amásala de corrido sobre la mesa (2); como la masa es seca y la harina floja, quedará finísima en apenas 5 min.

Deja que la masa repose 30-45 min y estírala a rodillo hasta formar un rectángulo de unos 40 × 20 cm. Enrolla la masa formando un rulo bien prieto (3). Corta «rodajas» de unos 3 cm de grosor (4) y colócalas en una vaporera, apoyando cada una en un trocito de papel de hornear para evitar que se peguen. Deja suficiente espacio para que crezcan durante la cocción (5).

Fermenta los mantou durante aproximadamente 1 h. Pon el agua a hervir y cuécelos al vapor, tapados, durante unos 6-7 min hasta que estén bien esponjosos.

Para sacarlos de la olla, evita abrir bruscamente la tapa: retira la olla del fuego y abre la tapa poco a poco (6). La miga será puro algodón, y la sutil corteza, una fina capa de seda (7).

1

2
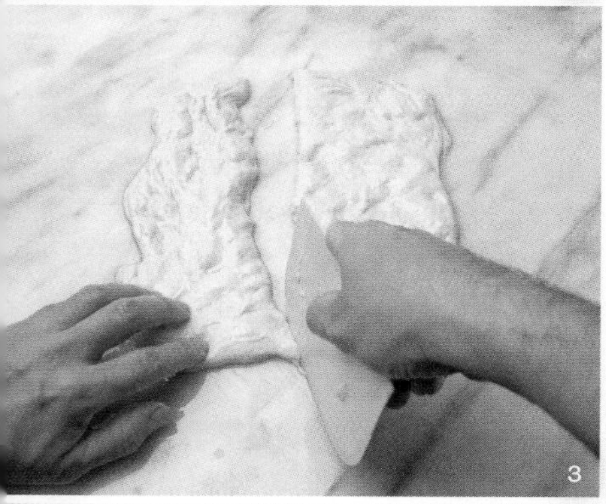
3
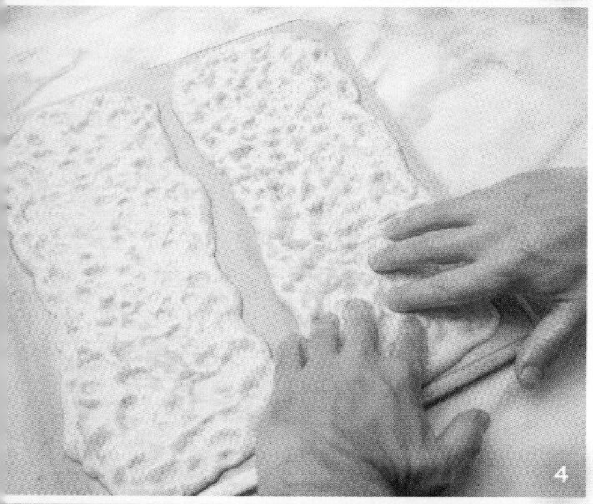
4

5

6

Cocción en la base del horno

Coca de forner minimalista (sin amasado)

La coca de forner me parece una de las cimas de la panadería mundial, ya que con una humilde masa de pan logra un producto superlativo con todas las texturas (crujiente, jugoso, esponjoso) y sabores (salado, dulce, a caramelo, incluso ligeramente amargo en los bordes). Esta es una versión mínima que logra una gran relación esfuerzo/satisfacción. Prescinde de amasado y fermenta durante la noche sin necesidad de nevera.

Ingredientes

250 g de harina panificable (o mezcla de floja y de fuerza a mitades)
175 g de agua
5 g de sal
0,5 g de levadura fresca (equivalente a medio garbanzo) o un tercio si es seca

aceite de oliva para manipular
40 g de azúcar blanco
licor de anís

¿POR QUÉ ES INTERESANTE ESTA RECETA?

Muestra un gran recurso de horneado para masas finas que requieran un buen golpe de calor, especialmente cocas y pizzas, pero también lo puedes usar para panes muy hidratados como chapatas o pan de cristal.

VARIACIONES

Esta masa sirve también como base para cocas y tortas saladas o para pizza.

Para mejorar la masa, incorpora un fermento, añade un poco de aceite e introduce algunos pliegues más para que la masa gane fuerza y estructura.

Puedes aumentar la cantidad de levadura y hacer la primera fermentación en la nevera (p. 86).

Método

La noche anterior, prepara la masa. Como es un pan con poco amasado, disuelve primero la sal y la levadura en el agua y añade después la harina. Revuelve todo con el mango de una cuchara de madera grande (1). Deja que la masa repose 15 min y dale un pliegue. Después tápala y déjala reposar en la encimera unas 10-12 h.

Al día siguiente, la masa habrá crecido notablemente (2). Unta la mesa con aceite, vuelca la masa y estírala con suavidad hasta formar un cuadrado. Divídela en dos partes iguales (3). Pásalas a una hoja de papel de hornear, úntalas con aceite y estíralas marcando con las yemas de los dedos hasta que ocupen todo el largo de la hoja (4).

Deja que reposen mientras se calienta el horno a 250 °C. Antes de cocerlas, vuelve a marcar la masa con las yemas de los dedos y espolvorea el azúcar por encima de las cocas.

Cuécelas directamente sobre la base del horno para que reciban un choque térmico brutal y se hinchen (5). Pasados 5 min, pásalas a la bandeja en posición central y sigue cociéndolas a tope (incluso puedes poner el ventilador) unos 5-7 min más hasta que estén bien doradas.

Nada más sacarlas del horno, echa un chorro de licor de anís sobre cada una de ellas (6).

1

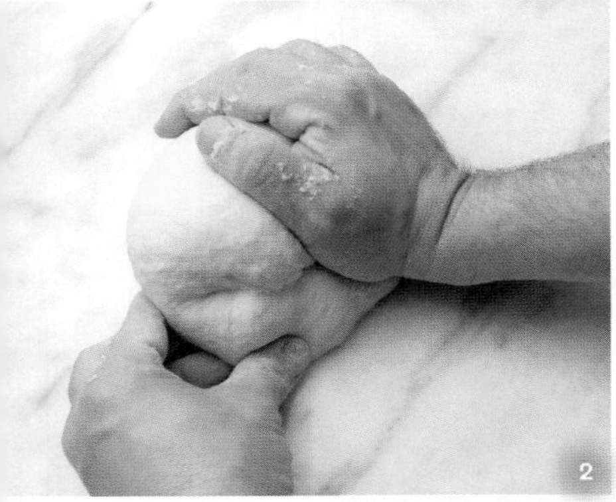
2

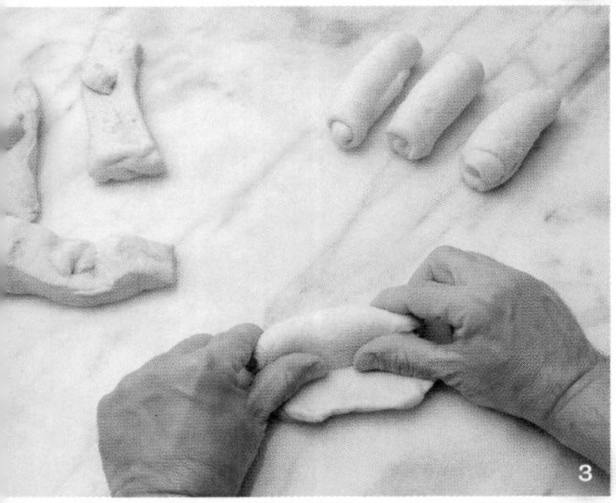
3

4

5

6

Hervor previo al horneado

Bagel

Ingredientes

Fermento

80 g de harina panificable (o mezcla de floja y de fuerza a mitades)
40 g de agua
0,5 g de levadura fresca (equivalente a medio garbanzo) o un tercio si es seca

Masa final

fermento
260 g de harina panificable (o mezcla de floja y de fuerza a mitades)
260 g de harina de fuerza
270-280 g de agua
20 g de azúcar
10 g de sal
5 g de levadura fresca o 2 g si es seca
2-3 cucharadas de melaza para el agua de cocción

¿POR QUÉ ES INTERESANTE ESTA RECETA?

Muestra una técnica arcaica con un resultado fantástico en panecillos; similar al viejo brezel, pero solo con agua.

Para aguantar la cocción, la masa ha de ser bastante seca y de textura firme.

VARIACIONES

Reduce un poco la fermentación y déjalos formados en la nevera la víspera, para que solo quede cocerlos.

Incorpora pasas, añade harina integral o especias.

Hervir una masa antes de hornearla es una técnica antiquísima, tanto en salado como en dulce, y tiene profundas implicaciones en el desarrollo de la textura, la corteza y el aspecto de la pieza. La gelatinización del almidón hace que la pieza se dore con facilidad, con lo que sale del horno dorada, pero con una corteza finísima, ideal para bocadillos.

Método

La noche anterior, prepara el fermento. Disuelve la levadura en el agua, añade la harina y mezcla hasta formar una bola. Déjalo que fermente de 8 a 12 h a temperatura ambiente. Al día siguiente, mezcla todos los ingredientes hasta obtener una masa, que será bastante seca (1). Amásala de corrido sobre la mesa durante 5-7 min hasta que esté fina (2).

Fermenta de 2 a 2.30 h. Vuelca la masa en la mesa (no hará falta harina), forma un rectángulo y divídelo en piezas alargadas de unos 120 g. Enrolla las piezas formando rulos bien prietos de unos 10 cm (3). Deja que reposen 10 min y estíralos con la palma de la mano hasta que midan unos 25 cm.

Enrolla los cabos de masa de forma que se solapen en la palma de tu mano (4), aprieta ese punto para que quede bien cerrado arrastrando el bagel por la mesa, haciéndolo girar hacia delante y hacia atrás un par de veces (5).

Coloca los bagels formados en una tela y métela en la nevera tapada con un trapo y un plástico encima. Deja que fermenten 1 h. Mientras tanto, prepara el baño. En una cazuela grande pon a hervir agua con 2 o 3 cucharadas de melaza (hasta que el agua se tiña un poco), ayudará al dorado de los bagel.

Hierve los bagels 30 s por cada lado, dándoles la vuelta con una espumadera (6). Colócalos directamente en una hoja de papel de hornear y cuécelos en el horno a 250 °C durante unos 10 min, calor arriba y abajo, sin vapor, hasta que tengan un dorado suave.

1

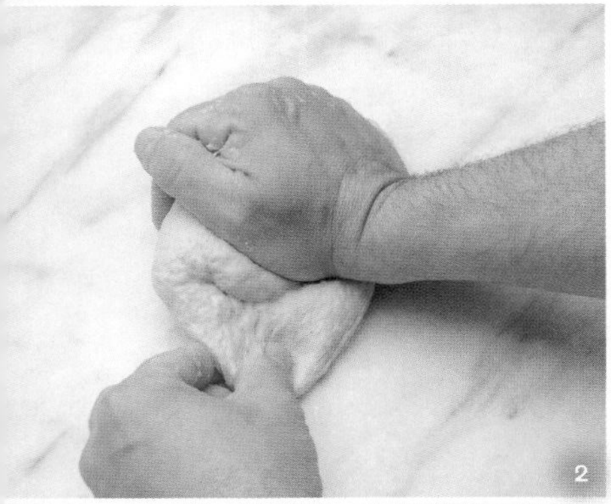
2

3

4

5

6

Fritura

Dónut

Ingredientes

Fermento

60 g de harina de fuerza
30 g de agua
0,5 g de levadura fresca (equivalente a medio garbanzo) o un tercio si es seca

Masa final

fermento
200 g de harina de fuerza
45-55 g de agua
50 g de huevo (una unidad)
25 g de azúcar blanco
10 g de levadura fresca o 4 g si es seca
5 g de sal
¼ cucharadita de cardamomo molido
⅛ cucharadita de esencia de vainilla (o ¼ de vaina)
60 g de mantequilla en pomada para el segundo amasado

Para la glasa

100 g de azúcar glas
1-2 cucharadas de agua
¼ cucharadita de zumo de limón

¿POR QUÉ ES INTERESANTE ESTA RECETA?

Es una exquisita versión casera de un clásico. Para que los dónuts conserven su forma, la masa ha de ser algo firme.

VARIACIONES

Prueba a hacerlos sin agujero (una berlina) y rellénalos después de mermelada de frutas.

Hay muchas maneras de conseguir que una masa llegue a cocerse; sumergirla en aceite caliente, freírla, no solo es una forma rápida, sino que aporta una buena cantidad de grasa y consigue una suculencia sin igual. Puedes freír prácticamente cualquier masa, ya sea de pan común o, como en este caso, de delicado brioche.

Método

La noche anterior, prepara el fermento. Disuelve la levadura en el agua, añade la harina y mezcla hasta formar una bola. Déjalo que fermente de 8 a 12 h a temperatura ambiente.

Al día siguiente, mezcla todos los ingredientes, menos la mantequilla, hasta obtener una masa algo pegajosa, pero firme (1). Deja que repose 5 min y amásala de corrido sobre la mesa durante 5 min hasta que esté medio desarrollada y no se pegue a las manos (2). Parte la mantequilla en trozos e incorpóralos a la masa apretujando con fuerza, esto hará que la masa se descomponga. Sigue amasando otros 5-10 min hasta que quede fina.

Fermenta 1.30 h (3), hasta que la masa haya pasado del doble de su volumen. Divídela en piezas de unos 60-80 g y boléalas (4). Espera 5 min para que se relajen y estíralas con el rodillo hasta que tengan unos 10-12 cm de diámetro (5). Con un aro de galletas quítales el centro (guarda los centros para freírlos más tarde).

Pon los dónuts a fermentar sobre papel de hornear, para que se puedan coger con facilidad (o voltear directamente sobre el aceite si la masa está delicada). Ferméntalos entre 1.30 y 2 h y fríelos en aceite a unos 170 °C (no muy fuerte, o se quemarán), un par de minutos por cada lado (6). Después fríe los centros y sírvelos con azúcar glas.

Una vez fritos, saca los dónuts a una rejilla y, cuando no quemen, pincela la glasa (juega con la cantidad de agua de la glasa; intenta conseguir una textura bastante líquida para poder extenderla).

1

2

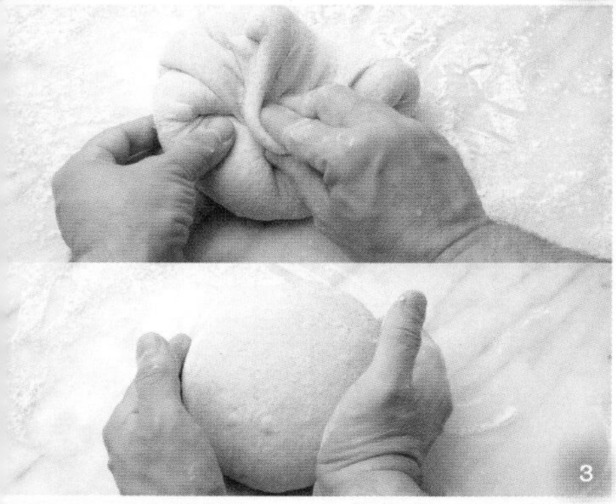
3

4

5

6

Cocción en olla

Pan de espelta

Ingredientes

Fermento

80 g de harina integral de espelta (mejor molida a la piedra)
40 g de agua
0,5 g de levadura fresca (equivalente a medio garbanzo) o un tercio si es seca

Masa final

fermento
250 g de harina integral de espelta (mejor molida a la piedra)
250 g de harina blanca de espelta
340-360 g de agua
10 g de sal
1 g de levadura fresca (equivalente a 1 garbanzo) o 0,3 g si es levadura seca

¿POR QUÉ ES INTERESANTE ESTA RECETA?

Es una manera alternativa de cocer el pan, que puedes usar incluso sin horno, enterrando la olla entre brasas.

VARIACIONES

Puedes usar una olla de hierro colado o una de barro.

Si quieres hacer varias hogazas con una sola olla, puedes cocer la primera solo hasta acabar la primera parte de la cocción (hasta levantar la tapa) y sacarla, cocer la segunda otra vez hasta acabar la primera parte y luego acabar de cocer las dos juntas sin la olla.

Cocer el pan en una olla o cazuela es muy interesante dada su capacidad de concentrar calor, que viene muy bien para dar un buen empujón al pan en el horno. Es especialmente útil en hornos de gas (o en aquellos que no reparten muy bien el calor). Las únicas pegas son que solo te cabe un pan por hornada y que el pan siempre tendrá el tamaño y forma de tu olla.

Método

Por la mañana, antes de ir al trabajo, prepara el fermento. Disuelve la levadura en el agua, añade la harina y mezcla hasta formar una bola. Déjalo que fermente de 8 a 12 h a temperatura ambiente.

Por la noche, mezcla todos los ingredientes hasta obtener una masa algo pegajosa (1). Deja que repose 15 min para que se cohesione. A modo de amasado, haz 4 pliegues, dejando pasar 30 min entre cada uno (p. 22). (2)

Vuélcala sobre la mesa enharinada, forma un hatillo y luego bolea la masa, arrastrándola por la mesa buscando crear tensión, al tiempo que la vas rotando (3).

Forra un bol de unos 2-3 l con un trapo bien enharinado, coloca la masa con el pliegue hacia arriba y métela en la nevera bien tapada (o dentro de una bolsa de plástico).

Al día siguiente la masa estará bastante hinchada (4). Calienta el horno a 250 °C con la olla y su tapa dentro durante unos 20-25 min. Cuando la olla esté caliente, saca el pan de la nevera, vuélcalo sobre una hoja de papel de hornear y dale cuatro cortes (5).

Usando guantes, saca la olla del horno y colócala sobre un salvamanteles o tabla. Coge la hoja de papel de hornear de los extremos y colócala (con el pan dentro) en la olla (6). Pon la tapa y cuece el pan 20 min a 250 °C, calor arriba y abajo. Pasado ese tiempo, quita la tapa y continúa la cocción otros 40 min a 210 °C, calor arriba y abajo. Para acabar de conseguir un buen dorado, puedes sacar el pan de la olla durante los últimos minutos.

Dr. Pan: cocción y corte

El pan se hunde cuando lo voy a meter al horno

Te has pasado de fermentación. Apunta los detalles del pan (temperatura, tiempo y cantidad de levadura o fermento), ya que uno de ellos ha sido excesivo. Tal vez has usado mucha levadura para un tiempo dado, o lo has dejado fermentar más tiempo del necesario para la cantidad de levadura que has empleado. O tal vez hacía demasiado calor para esa cantidad de levadura. Simplemente, ajusta el equilibrio entre tiempo y temperatura para la levadura.

El pan no se abre por donde he cortado

Este suele ser un signo de dos cosas: o bien el pan estaba pasado de fermentación, o bien faltaba humedad durante los primeros minutos de cocción. Revisa ambos aspectos. El siguiente punto está directamente relacionado, mira a ver si también te pasa.

El pan se abre por un lado o por debajo

Signo típico de que no había humedad suficiente durante los primeros minutos de cocción. A veces, incluso habiendo humedad, sucede porque la resistencia superior (el grill) o el ventilador han secado el corte sellándolo e impidiendo la expansión por ahí. Como la masa estaba en un buen punto de fermentación, aún tenía fuerza y ha buscado un lugar para expandirse, encontrando o bien el punto por donde has sellado la masa, o bien un punto débil en un lateral. Se soluciona teniendo cuidado con la resistencia superior o el ventilador y vigilando que haya humedad.

El pan sale pálido

Suele ser signo de dos cosas. Por un lado, la falta de vapor puede hacer que el pan salga mate y más pálido. Por otro lado, una masa pasada de fermentación no tiene suficientes azúcares disponibles para que se dore la corteza. Vigila que haya vapor y no te pases de fermentación.

El pan pierde el crujido rápidamente

Nada más salir del horno es normal que el pan cruja, pero a menudo ese crujido no dura más que unos pocos instantes. Una causa muy probable es que le falte tiempo de cocción. Una manera sencilla de comprobarlo es cortar una rebanada y estudiar el grosor de la corteza. A menudo tienes un grosor de apenas 1 mm. Intenta dejarlo más tiempo para que se seque más y consiga más corteza (especialmente en lugares con mucha humedad). Si se trata de una pieza grande de pan rústico (un barrote,

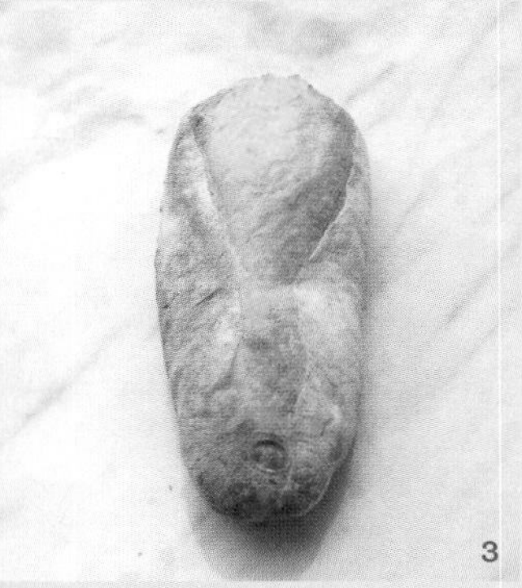

una hogaza, una rosca), no te preocupes por dejar el pan más tiempo en el horno, no se va a secar. Puedes aumentar el tiempo sin problemas 15 min más, y verás cómo consigues una mejor corteza. Si el pan ya tiene el dorado que te gusta, baja la temperatura a unos 180 °C y deja la puerta entreabierta para que escape el vapor durante los últimos minutos de cocción.

¿Cómo sé a qué altura he de poner la bandeja en el horno?

Fíjate en las fotos del capítulo de horneado. Para piezas grandes, como hogazas, normalmente es bueno usar una posición por debajo del medio, aunque esto cambia de horno a horno. Una manera sencilla de saber si has escogido la posición correcta es cortar una rebanada del pan y comprobar si la corteza tiene el mismo grosor en todo el perímetro. Si es más gruesa por abajo, sube uno o dos puntos la bandeja; si es más fina y blanda por abajo, baja uno o dos puntos.

¿Puedo usar el ventilador?

Cuando horneas panes que tienen que abrir greña y desarrollar volumen, el ventilador suele ser un problema, ya que tiende a secar la superficie del pan hasta sellar el corte e impedir el completo desarrollo de la pieza. Por eso intentamos evitarlo (igual que pasa con el grill o resistencia superior). Resérvalo para cuando hagas pequeñas piezas de bollería, por ejemplo, cocer nueve bollitos en una bandeja y conseguir que todos tengan el mismo dorado, para piezas planas que no tengan que ganar mucho volumen o para la segunda parte de la cocción.

En mi horno no puedo quitar el ventilador, ¿qué hago?

En ese caso, simplemente concéntrate en que el ventilador no moleste durante los primeros minutos de la cocción. Una forma sencilla es usar la técnica que aparece en la primera receta del libro (hogaza mínima, p. 40). Calienta el horno a tope, con dos bandejas dentro, una para poner el pan y otra para echar agua y así crear vapor. Mete el pan y echa el agua en la bandeja destinada a ese fin. Apaga por completo el horno durante 15 min. Pasado ese tiempo, saca la bandeja del agua, enciende el horno otra vez a unos 190-210 °C (dependiendo del pan) y continúa la cocción según indique la receta. Esta técnica de apagar el horno da muy buenos resultados con hornos en los que no puedes elegir libremente qué resistencias usar.

1 Desarrollo del corte en un pan cocido con vapor, pero sin apagar la resistencia superior

2 Mismo pan que el pan 1, pero apagando la resistencia superior

3 Desarrollo del corte en un pan cocido con vapor pero con ventilador

4 Corteza mate y blanquecina de pan sin vapor, y dorada y brillante del mismo pan, cocido con vapor

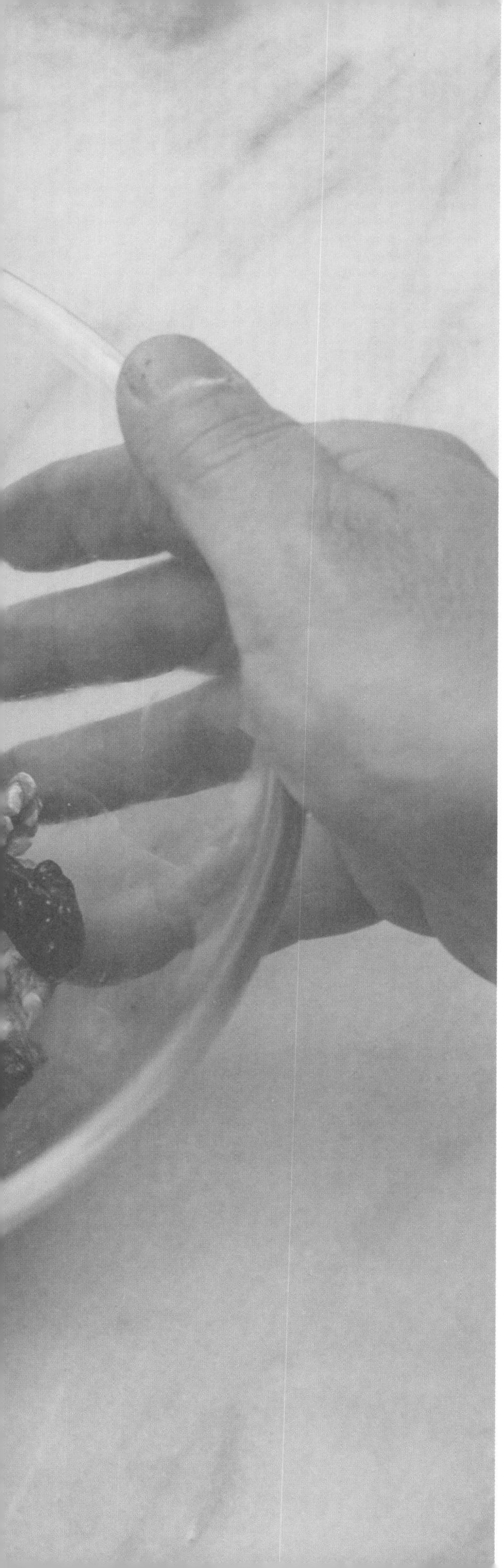

8. INGREDIENTES: CÓMO INCORPORARLOS

INGREDIENTES: CÓMO INCORPORARLOS

Presentación

Hay varios puntos esenciales a la hora de elaborar un pan, pero para mi gusto lo más importante es hacer una buena masa y darle tiempo para que la fermentación desarrolle los sabores y aromas y le dé a la miga una gran textura. Con esa buena base es más fácil sacar un buen pan del horno. Por el contrario, ya puedes dar formas preciosas a la masa, cocerla con precisión y adornar el pan con semillas, que si el sabor y la textura no son agradables, no servirá de mucho. La masa es el alma del pan. En ese sentido, mis panes favoritos son los que se elaboran sin más que harina, agua y algún agente fermentador (incluso puedes prescindir de la sal): el arte de la panadería es extraer de la harina todo el mundo de sabor, aromas y texturas. Dicho lo cual, una masa puede ser un lienzo en blanco para tu creatividad. Por todo el mundo hay maravillosos ejemplos de panes con ingredientes añadidos. ¿Cómo hacerlo? En este capítulo presento cuatro panes que representan las maneras esenciales de hacerlo. No dejes de consultar el último capítulo del libro (dedicado a los sabores) para ver estas ideas ampliadas.

Ingredientes sólidos en la masa

Los «panes con cosas» tienen un innegable atractivo. Ya sean crujientes semillas o jugosas frutas secas, en dulce o salado, encontrar pequeños trozos de sabor y textura en cada mordisco produce un placer especial que nos encanta. En el centro y norte de Europa tienen una increíble variedad de estos panes en los que a veces hay más semillas o frutos secos que harina. Esta versión de inspiración nórdica contiene una alucinante cantidad de frutos y frutas secas, hasta tal punto que, cuando cortas una rebanada, puede llegar a desafiar tu idea de pan. No obstante, este pan contiene una idea más importante: añadir cosas al pan no puede ser una excusa (como sucede a veces) para que los ingredientes adicionales maquillen una masa mediocre. Incluso sin los frutos secos, este pan es un semiintegral lleno de sabor y aroma elaborado con un fermento de harina integral de centeno molida a la piedra y con la chispa del cardamomo para «subir el volumen» al sabor. Recuerda esta idea: si vas a poner un ingrediente, hazlo sobre un pan que ya sea bueno, no esperes que el ingrediente adicional mejore un pan malo.

Ingredientes como parte de la propia masa

El pan de calabaza de Jesús Machí introduce una idea deliciosa: ¿por qué no hacer que el ingrediente sea la propia masa? Puedes licuar, batir, procesar o hacer puré muchísimos ingredientes para mezclarlos con la harina en lugar de agua. En este caso, la calabaza sirve de excusa para un desfile de sabores otoñales que incluyen nueces y especias, pero piensa qué aromas o sabores puedes incorporar a tu masa: cerveza, vino, pesto, salsas, etc. Tan solo una precisión: es fácil que los sabores se pierdan en la masa y acabes teniendo un pan un poco soso, por eso piensa cómo puedes intensificar el sabor (en este pan se consigue asando la calabaza antes). El primer pan hecho con cerveza o con horchata en vez de agua suele ser una decepción, ya que no sabe a esos ingredientes. Intenta concentrarlos de alguna manera antes de incorporarlos.

Ingredientes en el exterior de la masa

Hemos visto cómo el sabor puede venir de dentro, pero no olvides que en el horno suceden cosas maravillosas, por lo que piensa en todo lo que puedes incorporar por fuera. Los colines de este capítulo son una divertida excusa para jugar con la idea del crujido e incorporan maíz tostado (kikos) en el exterior. Tras el paso por el horno, el sabor y el crujido aumentan y son irresistibles. Prueba esta idea con las semillas, granos y coberturas que se te ocurran. Simplemente, ten cuidado de que no se lleguen a quemar, o te darán sabores desagradables.

Ingredientes con más peso que la masa

Hay muchos panes que son «transportadores» de sabores, masas que se elaboran para contener otros alimentos: pizza, focaccia, coca, tortas, etc. En ellos, la masa es casi una excusa para exponer deliciosos ingredientes. A menudo estos panes tienen un carácter local y estacional y expresan como pocos el lugar y el momento en que se elaboran, como las tortas de membrillo del Maestrazgo, las cocas con hortalizas de Levante o las muchas tortas con productos de la matanza. La pizza es probablemente el representante más famoso de esta familia; la receta que te encontrarás en este capítulo te da varios trucos y técnicas para hacerla en casa cómodamente y con grandes resultados. No obstante, igual que ocurría en la receta del pan nórdico, no por usar cosas riquísimas encima hay que descuidar la masa. Intenta dar una buena fermentación a tu masa, que la masa en sí ya sea un buen pan.

1

2

3

4

5

6

Ingredientes sólidos dentro de la masa

Pan nórdico con toneladas de frutas

La manera más sencilla de incorporar ingredientes (y sabor) a un pan es añadiéndolos a la masa para que te los encuentres en cada mordisco. La panadería escandinava lleva esta idea hasta el extremo con panes que tienen a veces más fruta que harina. En esta receta, el sabor y la textura de tres frutas y tres frutos secos se ven encumbrados por el uso de harinas integrales y el empuje final del cardamomo. Es un pan memorable que desafía muchas de nuestras convenciones.

Ingredientes

Fermento

- 150 g de harina integral de centeno (mejor molida a la piedra)
- 100 g de agua
- 0,5 g de levadura fresca (equivalente a medio garbanzo) o un tercio si es seca

Masa final

- fermento
- 275 g de harina integral de trigo (mejor molida a la piedra)
- 100 g de harina panificable (o mezcla de floja y de fuerza a mitades)
- 360-390 g de agua
- 12 g de sal
- 2 g de levadura fresca (equivalente a 2 garbanzos) o 0,7 g si es seca
- 50 g de avellanas
- 50 g de nueces
- 50 g de almendras
- 100 g de higos secos
- 100 g de orejones
- 100 g de pasas de uva
- 1 cucharadita de cardamomo molido

¿POR QUÉ ES INTERESANTE ESTA RECETA?

Lleva al límite la idea de añadir ingredientes sólidos.

Los ingredientes absorben agua, el uso de un molde permite que la masa sea muy húmeda: es facilísimo y no necesita amasado como tal.

VARIACIONES

Cambia las frutas a tu gusto.

Método

La noche anterior, prepara el fermento. Disuelve la levadura en el agua, añade la harina y mezcla hasta formar una bola (1). Déjalo que fermente de 8 a 12 h a temperatura ambiente.

Al día siguiente, mezcla todos los ingredientes (menos las frutas y frutos secos) con el mango de una cuchara hasta obtener una masa (será muy húmeda, como un barro) (2). Mezcla las frutas y frutos secos (3) entre sí, asegurándote de que no tienen ninguna cáscara. Si algunos son muy grandes, divídelos en trozos más pequeños.

Incorpora las frutas y frutos y amasa con la mano hasta que esté todo bien mezclado (4). Debería ser una masa pegajosa, con la que sea difícil formar una hogaza. Deja que fermente de 1 a 1.30 h. Pincela con aceite dos moldes rectangulares de bizcocho de unos 20-22 cm de largo. Con las manos muy mojadas, divide la masa en dos partes iguales (de unos 700-750 g) y colócalas en los moldes, de modo que los llenen hasta un poco más de la mitad. Vuelve a mojarte las manos y aplana la superficie (5).

Fermenta en torno a 1.30 h, hasta que la masa casi haya llegado al borde (6). Cuécelos con el horno a 250 °C, calor arriba y abajo, con vapor durante 15 min (p. 32), y luego baja a 200 °C, y continúa otros 45 min más.

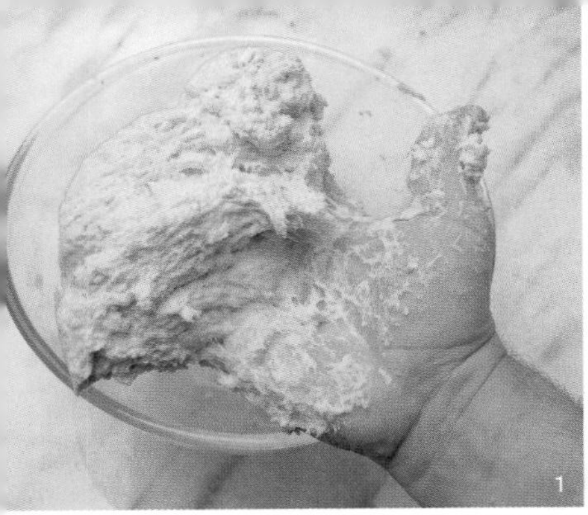
1
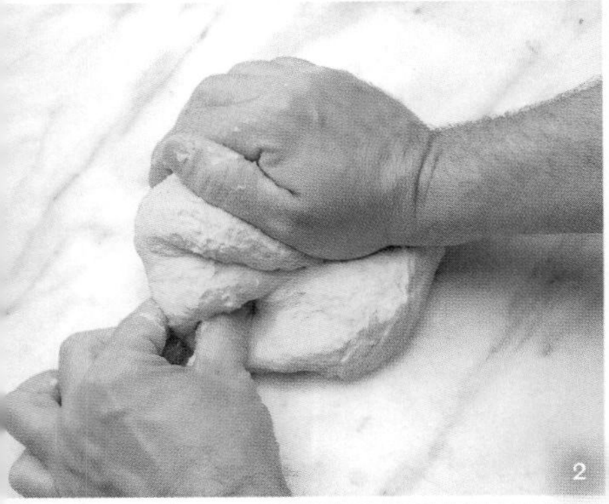
2

3

4

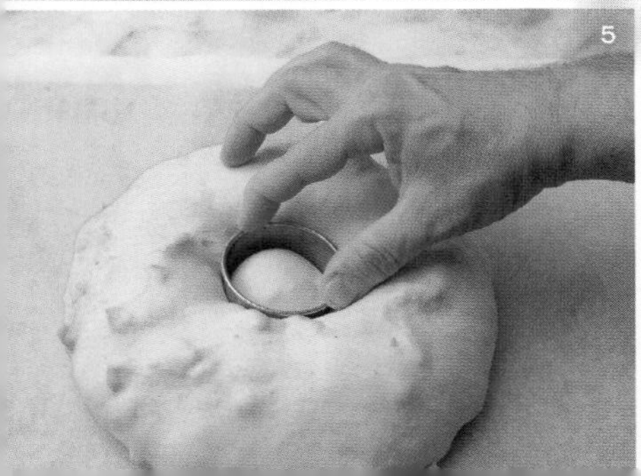
5

6

Ingredientes como parte de la propia masa

Pan de calabaza

Ingredientes

Fermento

100 g de harina panificable (o mezcla de floja y de fuerza a mitades)

60 g de agua

0,5 g de levadura fresca (equivalente a medio garbanzo) o un tercio si es seca

Masa final

fermento

400 g de harina panificable (o mezcla de floja y de fuerza a mitades)

200 g de calabaza asada hecha puré

70-100 g de agua (atención, porque debido a la calabaza, puede variar mucho)

10 g de sal

1 g de levadura fresca (equivalente a 1 garbanzo) o un tercio si es levadura seca

150 g de nueces

¼ de cucharadita de nuez moscada, clavo, canela o cardamomo molido

¿POR QUÉ ES INTERESANTE ESTA RECETA?

El sabor de tu ingrediente puede ser el alma de la masa, pero concéntralo, ya que el horno come muchos sabores.

VARIACIONES

Usa boniato, patata o aguaturma: ásalos para que tengan más sabor.

Este pan se presta a usar la nevera en 2.ª fermentación.

El sabor puede estar integrado en la propia masa; puedes licuar o hacer puré el ingrediente que quieras usar. Acuérdate de que asar o tostar son maneras de concentrar el sabor. Esta receta del panadero valenciano Jesús Machí es un festival de sabor y color que se acentúa con alguna especia de gusto otoñal y el crujido de las nueces. Un pan de calabaza con forma de calabaza.

Método

Asa la calabaza pelada, cortada en cubos de unos 3 cm de lado, a 200 °C durante unos 40 min. La noche anterior, prepara el fermento. Disuelve la levadura en el agua, añade la harina y mezcla hasta formar una bola. Déjalo que fermente de 8 a 12 h a temperatura ambiente.

Al día siguiente, mezcla todos los ingredientes (menos las nueces) con el mango de una cuchara hasta obtener una masa, pegajosa pero con cuerpo (1). La calabaza varía mucho en su contenido en agua, no añadas toda el agua desde el principio. Deja que repose 15 min y amásala de corrido sobre la mesa hasta que esté fina, unos 5-7 min (2). Incorpora las nueces: extiende la masa sobre la mesa y estírala, pon las nueces encima y divide la masa en dos, pon una mitad sobre la otra y vuelve a dividir la masa en dos, así hasta que las almendras estén bien distribuidas (3).

Deja que fermente entre 1.30 y 2 h, vuelca la masa sobre la mesa y boléala suavemente (4). Fermenta el pan entre 2.30 y 3 h, no apures la fermentación.

Justo antes de hornear el pan, presiona en el centro con un aro de cortar galletas de unos 4 cm, llegando casi hasta la base del pan (5). Ahora haz ocho cortes radiales de arriba abajo (6).

Enhorna a 230 °C, calor arriba y abajo, con vapor durante 15 min (p. 32) y luego baja a 200 °C, y continúa otros 40-45 min más.

1

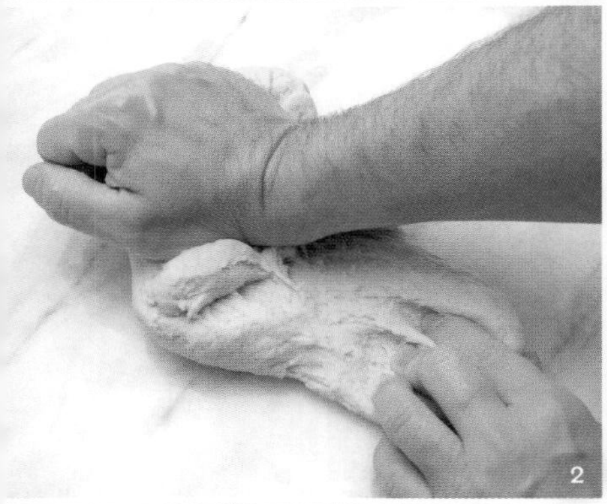
2

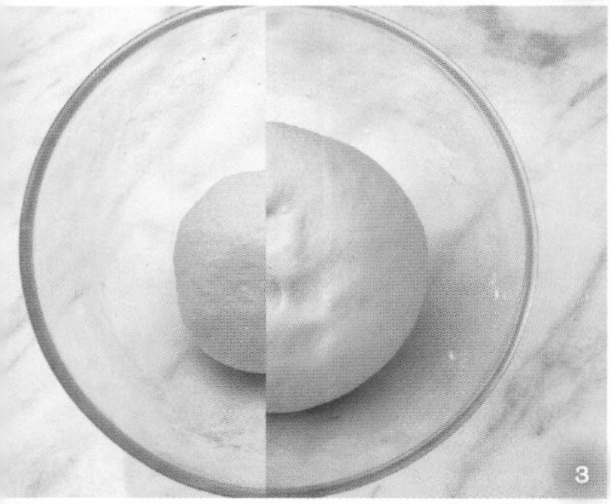
3

4

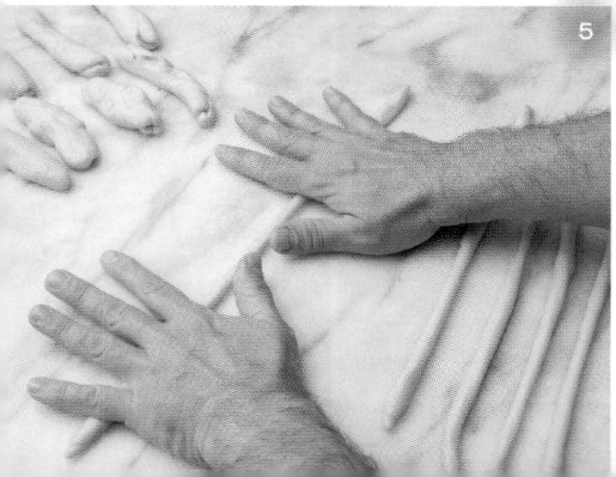
5

6

7

Ingredientes en el exterior del pan

Colines de parmesano con kikos

Ingredientes

250 g de harina floja
100 g de harina fuerte
120-135 g de agua
70 g de aceite de oliva
50 g de queso parmesano rallado
5 g de sal
5 g de levadura fresca o 2 g si es seca
200 g de kikos machacados

En muchos panes, el sabor está dentro de la masa, que es donde ocurre lo interesante. No obstante, colocar el sabor en el exterior es una técnica muy chula, ya que a menudo podemos jugar con la textura crujiente. En este caso, unos kikos (maíz tostado) son el crujiente toque maestro de unos colines ya de por sí crujientes (el crujido es una «dimensión invisible» del sabor, placentera y adictiva). En cualquier caso, esta masa tiene truco, puesto que también tiene sabor dentro en forma de parmesano y aceite de oliva.

Método

Mezcla todos los ingredientes de la masa, debe quedar una masa seca y manejable (1), muy fácil de amasar (si fuera muy húmeda, sería más difícil hacer los palitos). Deja que repose 5 min y amásala de corrido sobre la mesa unos 5-7 min, que esté fina (2).

Fermenta entre 1.30 y 2 h (3), vuelca la masa sobre la mesa (no tendrías que necesitar harina) y divídela en piezas de unos 30-35 g. Aplasta cada trozo de masa y enróllalo, formando bastoncitos de apenas 10 cm (4). Deja que reposen 10 min y estíralos haciéndolos rodar sobre la mesa hasta que midan unos 45 cm (5). Espera 5 min más si ves que se resisten y se encogen.

Pica los kikos hasta que queden muy finos; puedes hacer un sobre con una hoja de papel de hornear y machacarlos con el rodillo (6). Para que los kikos se peguen a la masa, humedece un trapo o servilleta, pasa los palitos rodando por el trapo y después por una cama de kikos picados (7).

Colócalos en una hoja de papel de hornear y ferméntalos durante 1.30 y 2 h. Cuécelos en el horno a 180 °C, calor arriba y abajo, sin vapor, durante unos 20-25 min, hasta que estén bien dorados y crujientes.

¿POR QUÉ ES INTERESANTE ESTA RECETA?

Presenta otra manera de entender el sabor y los ingredientes. Puedes hacer una masa «común», pero realzarla usando ingredientes sabrosos fuera (las semillas son habituales, pero piensa qué tienes en la despensa para hacer que un pan brille).

Aunque los panes crujientes no suelen ser los más alabados, la dimensión del crujido los hace irresistibles.

VARIACIONES

Este tipo de pan de picoteo se abre a todo lo que tengas a mano, ya sea en dulce o salado (o combinación).

1
2
3
4
5
6
7

Ingredientes con más peso que la masa

Pizza (sin amasado)

Ingredientes

175 g de harina panificable (o mezcla de floja y de fuerza a mitades)

175 g de harina de fuerza

240-260 g de agua

7 g de sal

2 g de levadura fresca (equivalente a 2 garbanzos) o 0,7 g si es seca

harina de trigo duro (sémola fina, semolina, harina de fritura) para manipular

tus ingredientes preferidos para el relleno, en este caso tomate triturado (escurrido), mozzarella, albahaca, aceite y sal

¿POR QUÉ ES INTERESANTE ESTA RECETA?
Se indican las claves para solucionar en casa varios de los desafíos de esta masa.

VARIACIONES
Una masa de pizza es una buena masa de pan, puedes hacer bollos, focaccias, pan de ajo y mantequilla y otros panes con la misma masa.

Haz el doble de cantidad y congela varias bolas, así siempre las tendrás listas. Para descongelarlas, mételas en una bolsa hermética y sumérgelas en agua tibia mientras se calienta el horno.

La pizza, como sucede con las cocas, focaccias y otras elaboraciones, es un pan en el que el ingrediente que acompaña a la masa es tanto o más importante que la masa en sí (y, a veces, tiene más peso), ya que es el que dará la personalidad final. No obstante, no hay que descuidar la masa; en este caso, la larga fermentación en nevera asegura un buen sabor y textura (crujiente, pero elástica).

Método

Mezcla los ingredientes de la masa, será una masa bastante húmeda (1). Amásala en tres tandas de pliegues (2) separadas por 30 min (p. 22). Enharina la mesa bien y divide la masa en dos partes iguales de unos 300 g, boléalas (3) y mete cada una en un tazón de desayuno untado de aceite. Ponle una tapa (gorro de ducha, film) y mételo en la nevera 24 h (puedes dejar que fermente 48 h sin problemas).

Al día siguiente, calienta el horno a todo lo que dé. Para formar las pizzas, espolvorea abundante semolina sobre la mesa y baja una de las bolas marcando un borde exterior (4) y después estirando desde dentro hacia fuera (5) al tiempo que la rotas (no te quedes corto de semolina). Una técnica alternativa de estirado es llevar la masa al borde de la mesa y dejar que la gravedad estire la parte que dejas caer al tiempo que la giras (6).

Coloca la masa en una hoja de papel de hornear, distribuye tu relleno favorito (no te pases, es una pizza fina). Intenta que el relleno no sea muy húmedo. Con ayuda de una tabla grande, transfiere la pizza directamente a la base del horno para que reciba un gran golpe de calor. Cuécela unos 2-3 min, girándola cada minuto para que la base se haga de forma homogénea. Es normal que el papel se chamusque. Si te apetece que la parte de arriba se haga un poco más, puedes acabar la pizza directamente bajo el grill unos instantes (7).

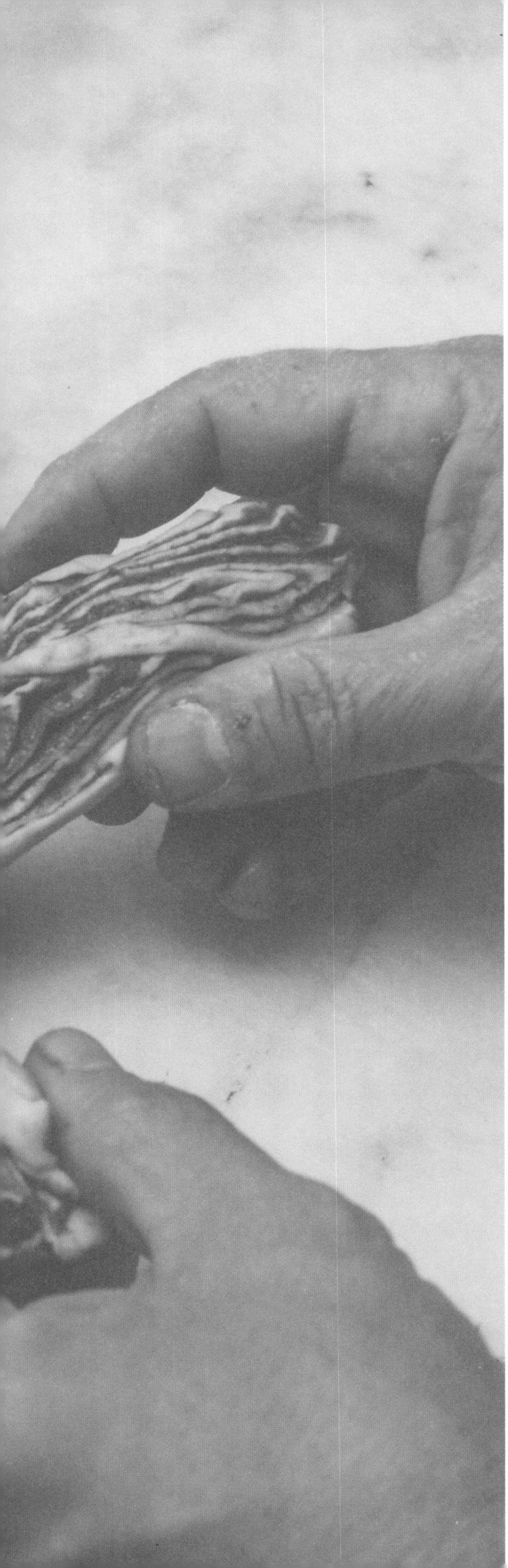

9. SABORES: CÓMO TRABAJARLOS

SABORES: CÓMO TRABAJARLOS

Presentación

En el anterior capítulo hemos visto las maneras básicas que hay de incorporar ingredientes a una masa (aunque en todo el libro hay ejemplos de cómo hacerlo), y en este veremos cómo sacar el mejor partido a los ingredientes, potenciar los sabores y enriquecer las masas.

El sabor del propio cereal

La harina es el producto de moler el grano, como vimos en la introducción, y dependiendo de cómo se haya molido (a cilindro o a piedra) y de cuán entero esté el grano (cuán blanca o integral sea la harina), el sabor será más o menos acentuado. Una harina blanca de cilindro (lo habitual si no pone expresamente otra cosa en el envase) tiene un gusto muy suave y hay que trabajarla con tiempo y fermentación para sacarle sabores, aromas y texturas: este es el arte del pan. No obstante, puedes pensar en el grano en sí para aportar sabor a tus panes. La primera receta de este capítulo va por ahí, la rosca integral multicereales contiene cinco granos distintos, todos en integral, animados por un buen fermento y cocidos en un formato que premia la corteza (la parte del pan con más sabor): una apuesta segura.

No obstante, también puedes alterar las características gustativas de la harina si la transformas. El pan integral en dos pasos es una manera sutil y audaz de que tu pan integral tenga un sabor profundo a cereal y que encima sea más esponjoso: se separa el salvado, que se tuesta y escalda, para añadirlo a la masa una vez que esta se ha amasado sin él, con lo que se consigue mejor desarrollo. Toda una inspiración para que pienses qué puedes hacer para que tus ingredientes expresen todo su potencial.

En el caso de la broa de maíz tostado, es la propia harina de maíz la que se tuesta y luego se escalda, para mejorar tanto el sabor como las cualidades plásticas de un cereal sin gluten.

Reciclaje: el pan sin fin

En este apartado debería estar también el pan caníbal con avena (p. 106), que emplea pan viejo para hacer pan. No obstante, la idea de reciclaje que anima al pan semiintegral hecho con macarrones viejos está aquí como una provocación para hacerte pensar: ¿qué tienes en la nevera que pueda hacer un pan fantástico? Sin duda, este pan con su miga jugosa y su toque de canela es algo inesperado.

Bollería: buscando la sutileza

Las últimas recetas de este libro son piezas de bollería, el reino en que la panadería abraza la pastelería, un ámbito en el que has de combinar la flexibilidad e intuición panaderas con la precisión y metodología pasteleras.

Los bollos elaborados con tang zhong son toda una demostración de técnicas: por un lado, tienes el escaldado asiático que da nombre a la receta, que crea una miga esponjosísima y de jugosidad apoteósica; por otro lado, emplea varios trucos muy resultones, como el uso de lácteos (leche y nata), que son suavizantes naturales de la miga y evitan que el pan coja demasiada corteza. Por último, la cocción en bandeja consigue que los bollos carezcan de corteza en el lateral. Cuando juntas este compendio de técnicas, el resultado es una suavidad antológica. Igual que pasa con las otras 49 recetas del libro, quédate con los métodos y las técnicas que la receta te ofrece y luego aplícalas a tus panes.

La ensaimada, la babka de chocolate y el brioche son apuestas clásicas que incorporan una buena cantidad de grasa y sabor a la masa, cada una con una estrategia diferente para conseguir marcados efectos en el producto final. La ensaimada es una pieza hojaldrada que, a diferencia del hojaldre o la masa de cruasán, no se lamina, sino que se enrolla para lograr el hojaldrado. Esta receta intenta eliminar varios puntos complejos (preparación de fermento, amasado) para que sea sorprendentemente asequible. Lo único que necesita, como muchos grandes panes, es tiempo.

La babka es también un pan relleno (en este caso, he tenido la suerte de contar con la exquisita receta de Daniel Jordà), pero su estrategia, además de un relleno tan sencillo como bestial, reside en trenzar la masa, lo que consigue que la pasta de chocolate impregne cada esquina. Por otro lado, el trenzado cambia la textura de la miga, como pasaba en la trenza de garrapiñadas (p. 114), haciendo que tenga una estructura de hebras.

El brioche es el punto final del curso, una de sus elaboraciones más complicadas. Presenta una manera bastante canónica de trabajar la masa de bollería, con buenas cantidades de mantequilla y huevo. La complejidad reside en el amasado en dos tiempos típico del brioche (que consigue una miga ligera y que se deshilacha en delicadas plumas de algodón) y en una fermentación sin prisas.

Muchas otras recetas del libro, situadas en diversos capítulos, forman en realidad parte de este último capítulo, como los bollos con escaldado aromático (p. 120), el pan de remolacha (p. 76) o el pan cocido al baño maría (p. 136). Cada pan es un compendio de técnicas, lo que hace que estas 50 recetas se desdoblen y multipliquen hasta donde quieras llevarlas.

1
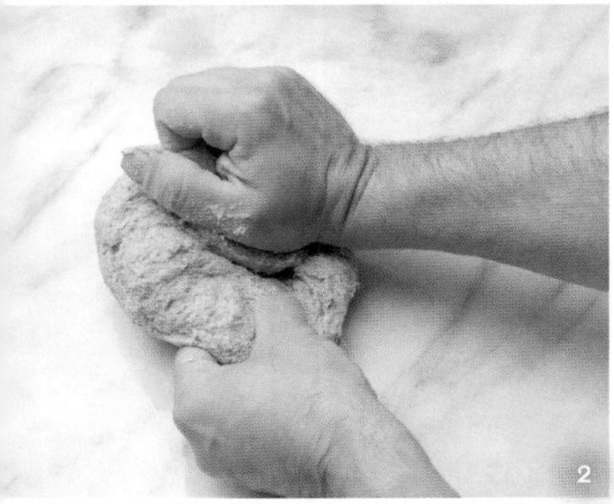
2

3

4

5

6

El sabor de la propia harina

Rosca integral multicereales

Ingredientes

Fermento

100 g de harina integral de centeno (mejor molida a la piedra)

60 g de agua

1 g de levadura fresca (equivalente a medio garbanzo) o un tercio si es seca

Escaldado de sarraceno

70 g de harina de trigo sarraceno (alforfón)

140 g de agua hirviendo

Masa final

Fermento escaldado de sarraceno

260 g de harina integral de trigo (mejor molida a la piedra)

70 g de harina de avena (o copos)

70 g de harina de mijo

280-320 g de agua

10 g de sal

1 g de levadura fresca (equivalente a 1 garbanzo) o un tercio si es levadura seca

¿POR QUÉ ES INTERESANTE ESTA RECETA?

Muestra que la harina es lo único que necesitamos.

VARIACIONES

Elimina la levadura de la masa final y aumenta el tiempo de fermentación.

Esta receta presta atención a la selección de harinas sabrosas, así que mejor si son integrales y molidas a la piedra.

Prueba a hacer la primera fermentación en nevera para sacarle aún más garra al sabor.

Aunque somos una cultura predominantemente triguera, otras harinas pueden aportar una gran personalidad al pan. Además de cereales que nos son cercanos, como el centeno o el maíz, es fácil encontrar otras fuentes de sabor y textura: avena (en copos o en harina), trigo sarraceno (también llamado alforfón), mijo, teff, amaranto, etc. Sin más ayuda que agua, nos pueden dar grandes sensaciones. En este caso, una forma que ofrece una gran cantidad de corteza (y sabor) ayuda a sacar el máximo provecho a esta masa.

Método

La noche anterior, prepara el fermento y el escaldado de sarraceno. Disuelve la levadura en el agua, añade la harina y mezcla hasta formar una bola. Déjalo que fermente de 8 a 12 h a temperatura ambiente. Por otro lado, vierte el agua hirviendo sobre la harina de sarraceno y revuelve hasta que quede una pasta fina.

Al día siguiente, mezcla todos los ingredientes prestando atención al agua; las harinas integrales pueden variar mucho en su capacidad de absorción. Guíate por las cifras, pero fíjate en la textura de las fotos. La masa ha de ser bastante pegajosa pero no muy blanda, ya que la rosca no aguantaría su forma (1). Amasa sobre la mesa repitiendo tres intervalos de 30 s de amasado seguidos de 15 min de reposo (2). Fermenta aproximadamente 1.30 h y bolea la masa con tensión media (3). Coloca la masa en un bol forrado con una tela enharinada.

Fermenta entre 1.30 y 2 h y vuelca la masa sobre una hoja de papel de hornear. Haz un agujero en el centro apretando con dos dedos (4) y ensánchalo poco a poco hasta crear una rosca (5). Haz un corte que recorra toda la parte superior (6).

Cuécelo a 250 °C, calor arriba y abajo, con vapor durante 20 min (p. 32) y luego baja a 220 °C, y continúa otros 25 min más hasta que tenga una buena corteza.

1

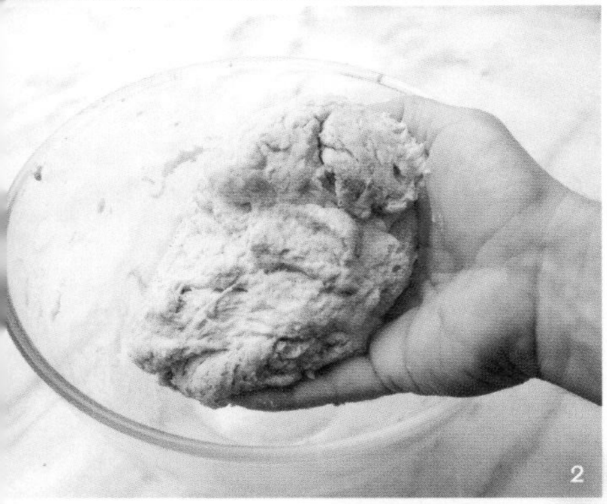

2

3

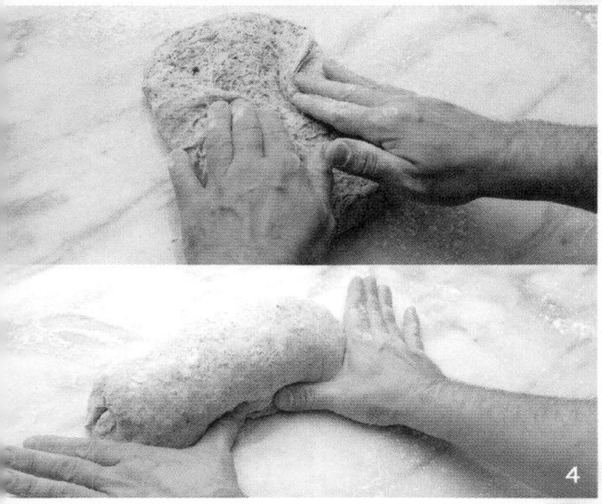

4

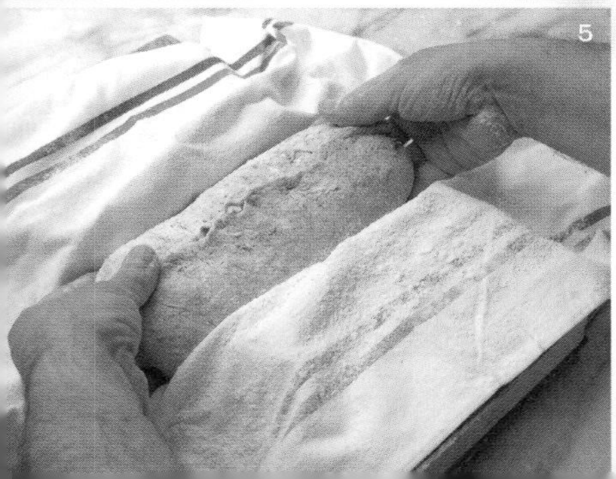

5

6

Trabajo previo con la harina

Pan integral en dos pasos

Una idea clave que me encanta del panadero Josep Pascual es «qué puedes hacer con un ingrediente; cómo puedes potenciar su sabor o sus características». A él le escuché por primera vez esta idea para mejorar un pan integral. Primero, quitamos el salvado a la harina, lo tostamos y escaldamos para potenciar su sabor, facilitar el amasado y el volumen de la pieza, y finalmente lo incorporamos como si fuera una semilla tostada. La esponjosidad, el sabor y el aroma son espectaculares.

Ingredientes

Fermento

- 100 g de harina integral de centeno (mejor molida a la piedra)
- 60 g de agua
- 0,5 g de levadura fresca (equivalente a medio garbanzo) o un tercio si es seca

Masa final

- fermento
- 500 g de harina integral de trigo (mejor molida a la piedra)
- 270-280 g de agua
- 10 g de sal
- 3 g de levadura

- 150 g de agua hirviendo para el salvado

¿POR QUÉ ES INTERESANTE ESTA RECETA?

Enseña cómo hacer un pan integral más esponjoso y sabroso, ya que evita que el salvado «moleste» durante el amasado, además de aportar sabor con el tostado y mejorar su textura con el escaldado.

VARIACIONES

El escaldado se presta a aportar aromas. Prueba a tostar el salvado junto a unas semillas de lino, sésamo y girasol, unos granos de anís o hinojo e incluso unas migas de pan; escáldalo y deja que todos los aromas se amalgamen para dar al pan un festival de sabores.

Método

La noche anterior, prepara el fermento. Disuelve la levadura en el agua, añade la harina y mezcla hasta formar una bola. Déjalo que fermente de 8 a 12 h a temperatura ambiente. Prepara también el salvado: tamiza la harina integral de la masa, normalmente te saldrán entre 75 y 100 g de salvado. Tuéstalo en una sartén, sin parar de remover hasta que huela delicadamente a tostado. Escáldalo echándole los 150 g de agua hirviendo y revuelve.

Al día siguiente, mezcla la harina tamizada con los 270-280 g de agua, queremos una masa intermedia. Deja que repose 45 min a modo de autolisis. Después amasa de corrido unos 5-7 min. Incorpora el salvado tostado y escaldado: extiende la masa sobre la mesa, pon el salvado encima y divide la masa en dos, coloca una mitad sobre la otra y vuelve a dividir la masa en dos, así hasta que el salvado esté bien distribuido (3).

Fermenta entre 2 y 2.30 h. Forma un barrote (p. 30) enrollando la masa sin desgasificar demasiado (4), y colócalo en una tela enharinada con un libro a cada lado a modo de apoyo (5). Fermenta entre 45 y 60 min.

Vuelca el pan sobre una hoja de papel de hornear y dale un corte longitudinal (6). Enhorna con el horno a 250 °C, calor arriba y abajo, con vapor durante 20 min (p. 32), y luego baja a 200 °C y continúa otros 40-45 min.

1

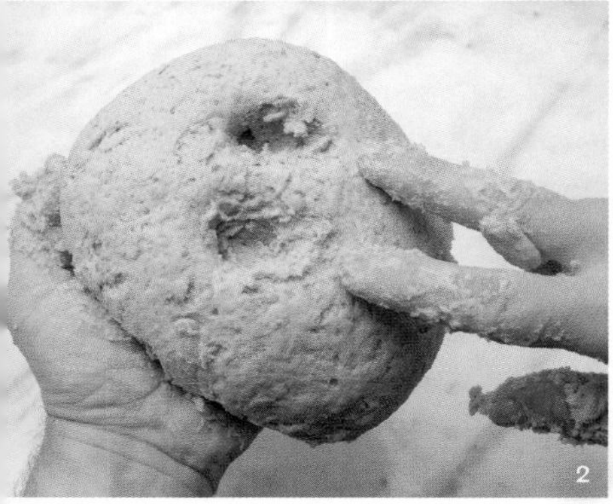
2

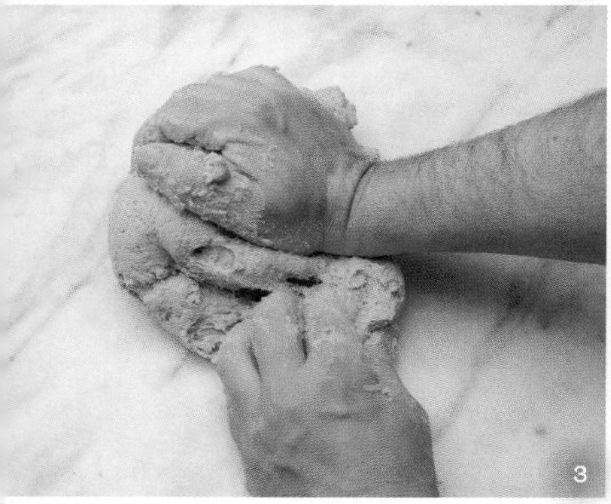
3

4

5

6

7

Tostar la harina

Broa de maíz tostado

Ingredientes

Fermento

- 120 g de harina integral de trigo (mejor molida a la piedra)
- 75 g de agua
- 0,5 g de levadura fresca (equivalente a medio garbanzo) o un tercio si es seca

Escaldado de maíz tostado

- 200 g de harina de maíz (amarilla y aromática, mejor molida a la piedra)
- 400 g de agua hirviendo

Masa final

- fermento
- 250 g de harina panificable (o mezcla de floja y de fuerza a mitades)
- 40 g de harina integral de centeno (mejor molida a la piedra)
- 130-160 g de agua
- 11 g de sal
- 3 g de levadura fresca o 1 g si es seca

¿POR QUÉ ES INTERESANTE ESTA RECETA?

Muestra otra técnica para obtener más sabor de la harina sin necesitar más ingredientes y cómo sacar partido a un cereal sin gluten.

VARIACIONES

Puedes usar gofio en vez de tostar la harina de maíz.

Prueba a hacer una sola pieza (aumenta el tiempo de cocción a 15-20 min).

En la anterior receta hemos visto cómo descomponer, manipular y recomponer la harina. En esta vamos a transformar parte de la harina. El maíz es delicioso, pero, cuando se tuesta, los aromas son especialmente embriagadores (van desde las palomitas a los kikos pasando por el gofio). La hidratación puede variar bastante dependiendo del tipo de harina, así que reserva un poco de agua hasta el final. El punto de fermentación es esencial para que el pan no se hunda, mejor un poquito justo. Como alternativa, puedes aumentar la hidratación: mételo en un molde y forrado con hojas de berza, como hacen en Portugal, Galicia, Euskadi, etc.

Método

La noche anterior, prepara el fermento. Disuelve la levadura en el agua, añade la harina y mezcla hasta formar una bola. Déjalo que fermente de 8 a 12 h a temperatura ambiente. Prepara también el escaldado: tuesta la harina de maíz en una sartén, sin parar de remover hasta que huela delicadamente a tostado. Escáldala echándole los 400 g de agua hirviendo y revuelve.

Al día siguiente, el escaldado estará bastante duro, desmenúzalo y aplástalo con la rasqueta hasta que quede fino (1). Mezcla todos los ingredientes. Como hay mucho maíz, no será una masa muy elástica (2). Amásala apretándola y sobándola contra la mesa durante 5 min (3).

Fermenta durante 1.30 h. Enharina muy bien la mesa. Divide la masa en dos piezas y boléalas hasta que queden bien firmes (4). Coloca las dos bolas separadas (ya que se expandirán) en una hoja de papel de hornear. Fermenta entre 2 y 2.30 h, hasta que la masa empiece a tener grietas (6).

Enhorna las dos bolas con el horno a 250 °C, calor arriba y abajo, con vapor durante 10 min (p. 32), y luego baja a 200 °C y continúa otros 35-40 min más.

Deja reposar el pan varias horas hasta que se asiente.

1

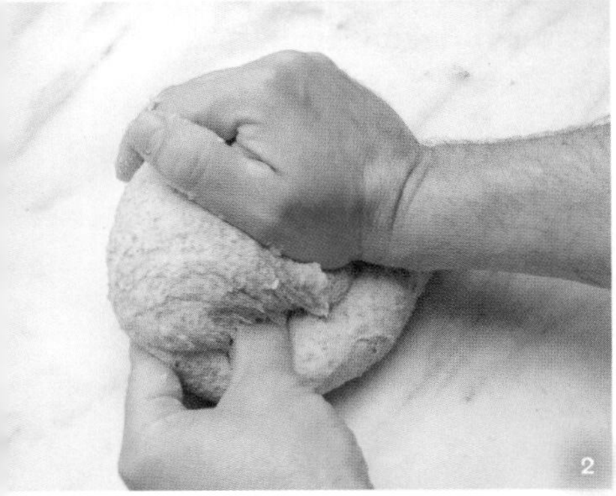
2

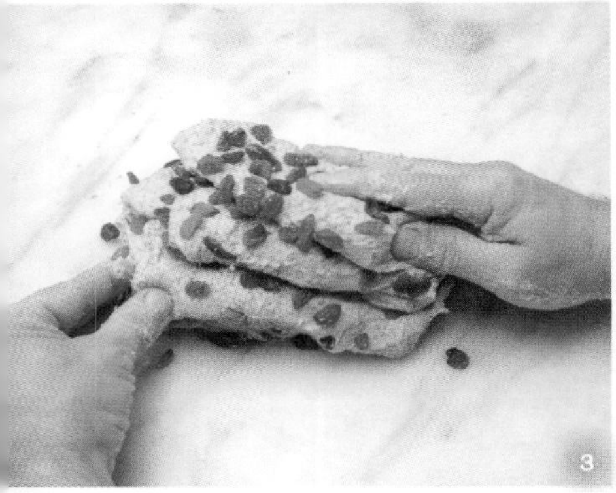
3

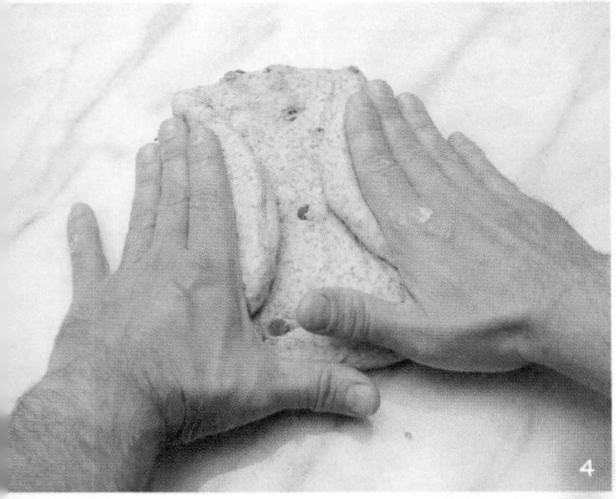
4

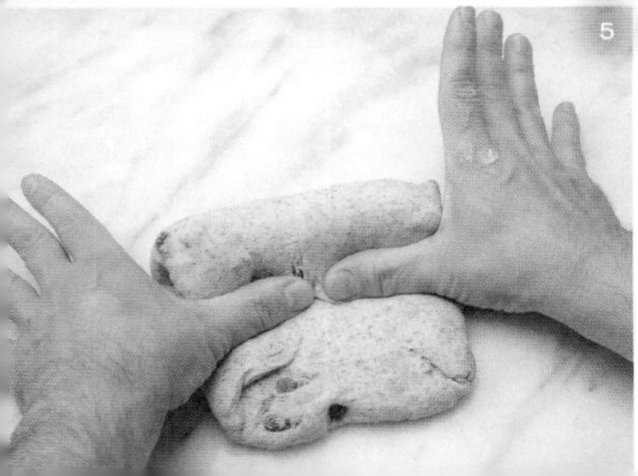
5

6

Pan de reciclaje

Pan semiintegral con pasas y canela (hecho con macarrones)

Ingredientes

Puré de pasta

100 g de pasta cocida y escurrida (he usado macarrones)
100 g de agua

Masa final

puré de pasta
280 g de harina integral de trigo (mejor molida a la piedra)
280 g de harina de fuerza
220-240 g de agua
25 g de mantequilla
25 g de azúcar
10 g de sal
5 g de levadura fresca o 2 g si es seca
1 cucharadita de canela molida

150 g de pasas de uva

¿POR QUÉ ES INTERESANTE ESTA RECETA?

Muestra lo interesante que es incorporar almidones cocidos a la masa (son restos habituales en una cocina), abriendo la puerta a inesperados panes de reciclaje, y cómo en algunas recetas conviene dar los cortes a la masa a mitad de la fermentación y no justo antes del horno, como es habitual.

VARIACIONES

Añade un fermento para ganar en sabor, estructura y conservación.

Haz la primera fermentación en la nevera.
Haz bollitos con esta masa.

Desde antiguo, la masa de pan ha contenido todo tipo de ingredientes (aparte de harina), y con el tiempo algunos han acabado siendo muy populares. En medio mundo se aprecia lo que los alimentos ricos en almidón otorgan a la masa (especialmente si este ha sido gelatinizado por la acción del calor): jugosidad, esponjosidad, conservación. De ahí que se use la patata, escaldados y técnicas como el tang zhong. Y ahora, en tu casa: ¿qué tienes que pueda usarse? Los restos de pasta, cuscús, legumbres, bechamel o porridge son cotidianos tesoros maravillosos a la espera de su pan.

Método

Primero pasa por la batidora los macarrones y su agua durante varios minutos hasta que quede un puré fino como una bechamel. Ahora, incorpóralo al resto de los ingredientes y mezcla hasta obtener una masa pegajosa, pero no muy blanda (1), típica de pan de molde (p. 50).

Amasa de corrido de 5 a 7 min (2) e incorpora las pasas: extiende la masa sobre la mesa, pon las pasas por encima y divide la masa en dos, coloca una mitad sobre la otra y vuelve a dividir la masa en dos, así hasta que las pasas estén bien distribuidas (3).

Fermenta unas 2 h, divide la masa en dos partes iguales y boléalas. Deja que la masa se relaje durante 10 min y después forma los panes: aplasta la masa formando un rectángulo, pliega los lados hacia dentro (4) y ahora enrolla incorporando tensión (5) hasta tener un rulo del ancho del molde (unos 20-22 cm). Engrasa dos moldes con mantequilla, coloca los panes dentro y espolvorea harina por encima.

Fermenta los panes 1 o 1.15 h y dales cinco o seis cortes en diagonal (6). Fermenta 1 h más y cuece los panes a 220 °C, calor arriba y abajo, con vapor durante 5 min (p. 32) y luego continúa sin vapor otros 30-35 min más.

1

2

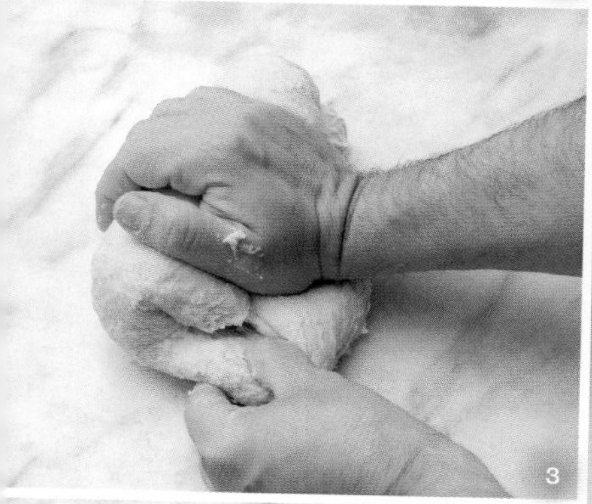
3

4

5

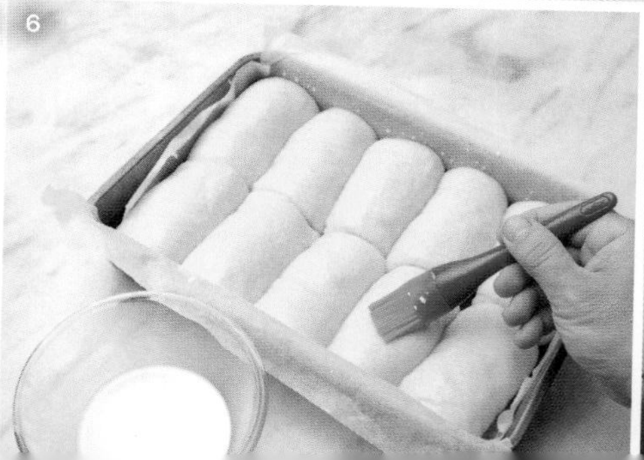
6

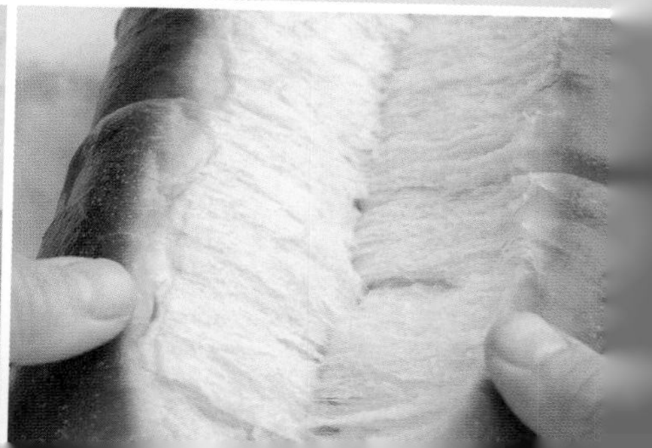

Más suavidad con tang zhong

Bollos tiernísimos en bandeja

Ingredientes

Fermento

100 g de harina panificable (o mezcla de floja y de fuerza a mitades)

50 g de agua

0,5 g de levadura fresca (equivalente a medio garbanzo) o un tercio si es seca

Tang zhong

135 g de agua

35 g de harina panificable (o mezcla de floja y de fuerza a mitades)

Masa final

fermento

tang zhong

550 g de harina de fuerza

150-170 g de leche

100 g de nata de montar (36 % MG)

50 g de huevo (1 unidad mediana)

70 g de azúcar

10 g de sal

10 g de levadura fresca o 4 g si es seca

leche para pincelar

¿POR QUÉ ES INTERESANTE ESTA RECETA?

Ofrece un recurso técnico interesantísimo en pan de molde y bollería, y plantea cómo tratar la harina antes de trabajarla para sacarle el mayor partido.

VARIACIONES

Haz el tang zhong con leche en vez de agua.

Gelatinizar parte de la harina de una receta previamente hace que la miga sea más suave y esponjosa, además de aumentar la capacidad de la masa de absorber agua (dándole más jugosidad y conservación). El tang zhong es una técnica asiática, algo similar a una bechamel, que consigue unos resultados extraordinarios en bollería, dando unas piezas tiernísimas. Para que estos bollos sean aún más blanditos, están hechos en bandeja, lo que hace que carezcan de corteza en los lados. Una variación alucinante es untar las piezas de masa con crema de chocolate antes de enrollarlas y formarlas: una locura.

Método

La noche anterior, prepara el fermento y el tang zhong. Disuelve la levadura en el agua, añade la harina y mezcla hasta formar una bola. Déjalo que fermente de 8 a 12 h a temperatura ambiente. Para el tang zhong, disuelve la harina en el agua en una cazuela, ponla a fuego medio sin parar de revolver hasta que llegue a 65 °C o hasta que empiece a espesar; quedará como una bechamel ligera (1).

Mezcla los ingredientes hasta obtener una masa algo pegajosa (2), un poco más húmeda que el pan de molde. Amasa de corrido sobre la mesa de 7 a 10 min (3). Si te cuesta amasar así, prueba el amasado de masas húmedas (p. 24).

Fermenta de 1.30 a 2 h, divide la masa en 10 o 12 piezas iguales (dependiendo de si quieres bollos de 100 o 120 g). Enróllalas haciendo bastones de unos 10-12 cm de longitud. Forra con papel de hornear una bandeja de horno de unos 22-24 × 32-34 cm y coloca los bollos en dos hileras dejando espacio entre ellas (5).

Fermenta otras 2 h hasta que los bollos estén bien hinchados (5). Pincela con leche (6) y cuece los bollos a 190 °C (170 °C con ventilador), calor arriba y abajo, sin vapor, de 20 a 24 min.

1

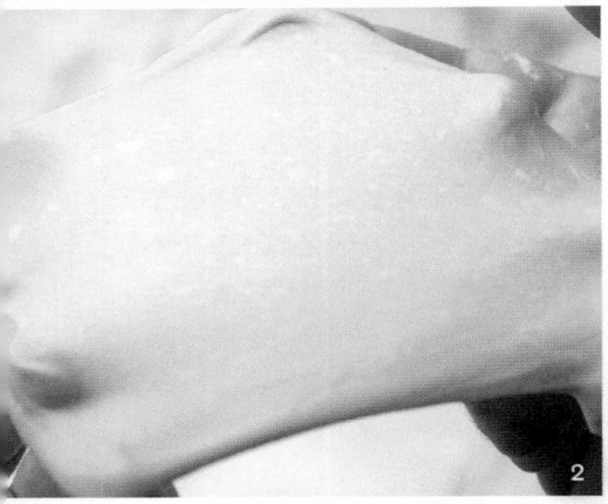
2

3

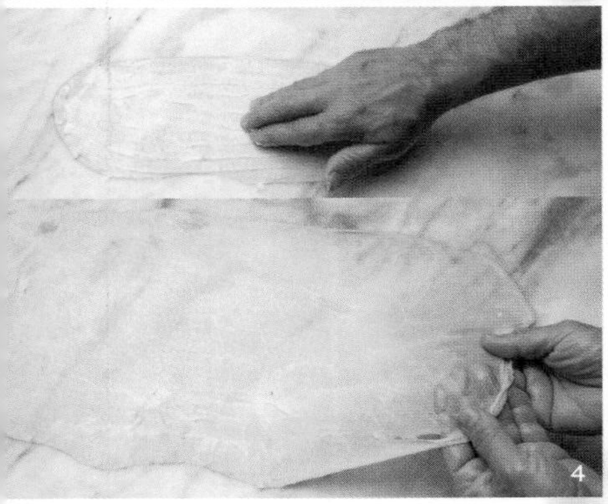
4

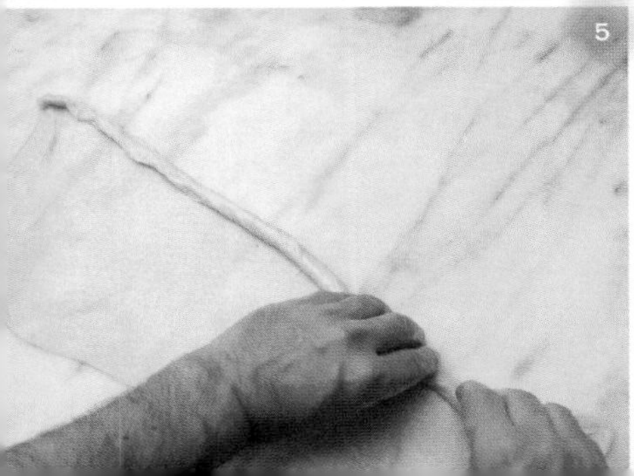
5

6

Incorporación de grasa con un hojaldrado sencillo

Ensaimada

Ingredientes

320 g de harina de fuerza
100-110 g de agua
50 g de huevo (1 unidad mediana)
70 g de azúcar
20 g de aceite de girasol
2-5 g de levadura, dependiendo de la temperatura ambiente o 0,7-2 g si es seca

200 g de manteca de cerdo para el relleno (sácala de la nevera varias horas antes)
azúcar glas para decorar

*No lleva sal

¿POR QUÉ ES INTERESANTE ESTA RECETA?

Presenta una manera asequible de realizar un gran clásico (prescinde del fermento, del amasado largo, etc.).

VARIACIONES

Puedes rellenar la ensaimada con cabello de ángel o con tu ingrediente favorito (antes de enrollar la masa, dispón una buena cantidad a lo largo del borde y enrolla la masa alrededor).

Aunque la manteca (*saïm* en catalán) es lo que le da nombre, prueba a usar mantequilla en vez de manteca de cerdo (como hacen en Filipinas) o tahini y miel como se hace en Turquía con una masa de la familia.

El hojaldre clásico de mantequilla es un verdadero desafío en casa y las primeras veces suele llevar a la frustración. Por el contrario, la ensaimada ofrece una manera más antigua de hojaldrar que es más asequible. Estirar una masa muy fina y untarla de grasa antes de enrollarla y fermentarla durante largas horas es una experiencia tan emocionante como gratificante.

Método

Mezcla todos los ingredientes de la masa menos la levadura, quedará una masa algo pegajosa (1). Deja que repose 15 min y amásala a intervalos de 1 min de amasado y 10 de reposo. Tras tres o cuatro tandas, la masa estará fina (2). En la última tanda, añade la levadura frotando mientras amasas hasta que se absorba por completo (si usas de la seca, deslíela en un poquito de agua).

Divide la masa en piezas de 80-100 g y boléalas. Deja que reposen de 30 a 45 min para que se relajen. Unta de aceite la superficie de trabajo. Estira cada pieza con un rodillo hasta formar una cinta de unos 35 × 15 cm y úntala con manteca usando las yemas de los dedos (3). Ahora estira cada masa sosteniéndola suavemente desde abajo, ganando superficie poco a poco, hasta que sea traslúcida (4). Enróllala empezando desde uno de los lados largos (5) e incorpora tensión al enrollar.

Una vez listos estos rulos, deja que reposen 30 min bien tapados. Entonces estíralos (puedes lanzarlos «como un látigo») para que ganen longitud, hasta llegar a casi 1 m. Enróllalos en espiral dejando espacio para que la masa crezca (6).

Fermenta a temperatura ambiente de 16 a 24 h, hasta que la masa haya pasado del triple de su volumen. Cuece las ensaimadas a 170 °C con ventilador (o 180 °C, calor arriba y abajo) durante unos 8-10 min, hasta que tengan un suave dorado. Cuando se enfríen, espolvoréalas con azúcar glas.

1

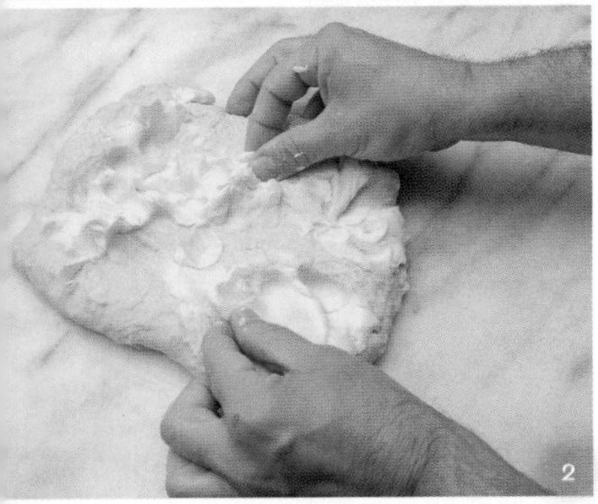
2

3

4

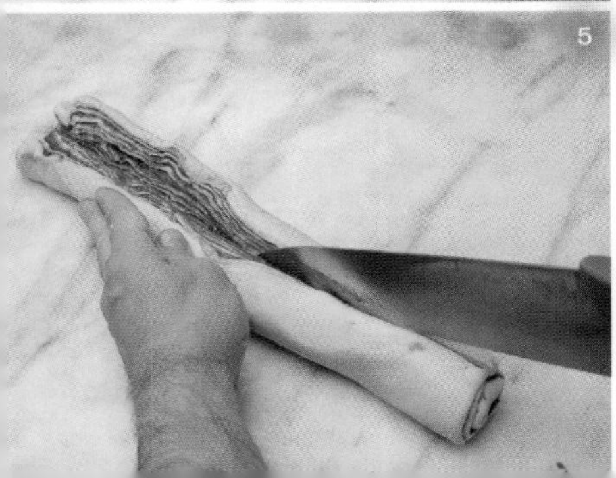
5

6

7

Masa con relleno, trenzado y baño tras la cocción

Babka de chocolate y canela

Ingredientes

275 g de harina panificable (o mezcla de floja y de fuerza a mitades)
275 g de harina de fuerza
320 g de leche
120 g de mantequilla en pomada
25 g de azúcar
12 g de sal
12 g de levadura fresca o 4 g si es seca

Relleno

180 g de mantequilla en pomada
162 g de azúcar moreno
20 g de cacao puro en polvo
1/8 cucharadita de esencia de vainilla (o 1/4 de vaina)
1 cucharada de canela

Almíbar

100 g de azúcar
100 g de agua

En el centro de Europa, los bollos y trenzas rellenos de una pasta de semillas de amapola han sido un clásico de la bollería durante siglos. Como pasa con el cabello de ángel y otros rellenos clásicos, el chocolate ofrece modernas reinterpretaciones de recetas clásicas. Esta receta del gran panadero Daniel Jordà consigue una pieza inolvidable: jugosa, aromática y embriagadora. Desde el punto de vista panadero, es toda una lección de técnicas.

Método

Mezcla todos los ingredientes de la masa, menos la mantequilla, y amasa durante 5 min hasta tener una masa medio desarrollada; será como pan de molde (1), fácil de amasar. Entonces divide la mantequilla en trozos e incorpórala a la masa apretujando (2). Al principio costará, pero luego la absorbe. Si te cuesta mucho amasarla sobre la mesa, pásate al amasado de masas húmedas (p. 24).

Fermenta la masa 2 h. Divídela en dos piezas iguales y boléalas. Deja que reposen 10 min. Mientras tanto, mezcla los ingredientes del relleno hasta obtener una pasta. Para formar las trenzas, estira la masa con el rodillo hasta que mida unos 60 × 40 cm y unta la mitad del relleno en cada una (3). Enróllalas por el lado corto (4). Corta los rollos de masa longitudinalmente en dos mitades (5) y trénzalas (6).

Coloca cada trenza en un molde rectangular de bizcocho de unos 20-22 cm. Fermenta de 1.45 a 2.15 h y cuece las trenzas a 170-180 °C, calor arriba y abajo, durante 40-45 min (cubriéndolas al final para que no se tuesten demasiado).

Mientras se cuecen, prepara el almíbar haciendo que hierva un par de minutos hasta que espese un poco. Nada más sacarlas del horno, pincela las trenzas con el almíbar (7).

¿POR QUÉ ES INTERESANTE ESTA RECETA?

Muestra un abanico de técnicas esenciales.

VARIACIONES

Prueba a hacer el relleno con semillas de amapola cocidas (y trituradas con batidora), naranja confitada, almendras, vainilla y pasas. Es un clásico que precede al chocolate.

Puedes hacer espirales y meterlas en una bandeja como si fueran bollos de canela.

1

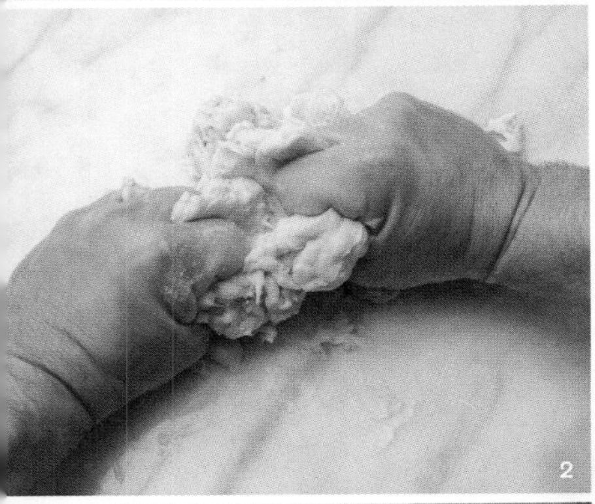
2

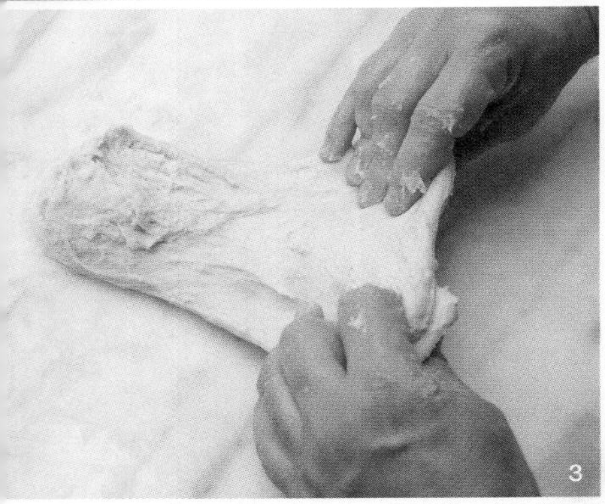
3

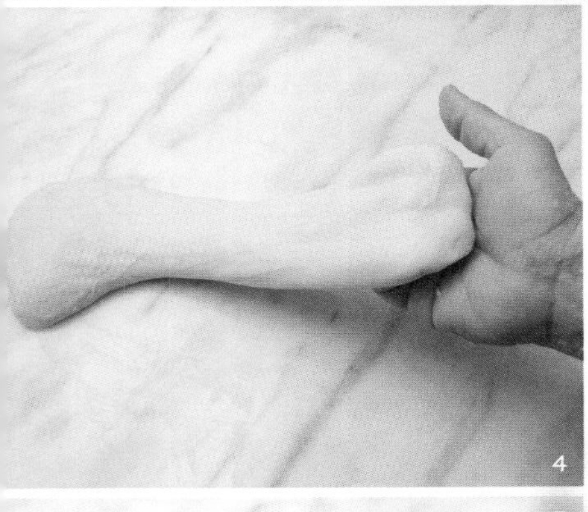
4

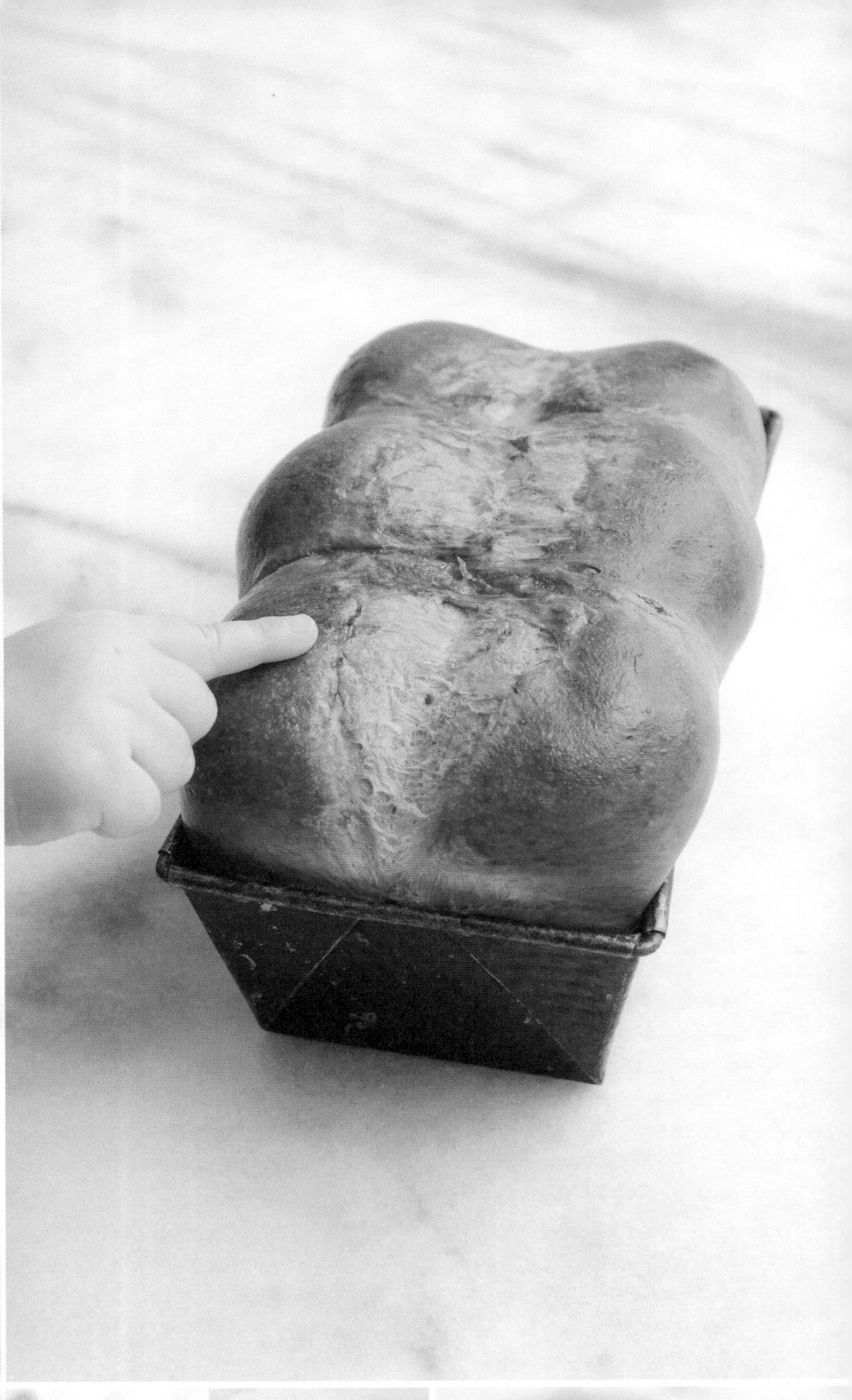

5

6

Masa enriquecida clásica

Brioche de mantequilla

Ingredientes

250 g de harina de fuerza
75-85 g de leche
50 g de huevo (1 unidad)
85 g de mantequilla en pomada
15 g de azúcar
15 g de miel
5 g de sal
12 g de levadura fresca o 4 g si es seca

huevo batido para pincelar

¿POR QUÉ ES INTERESANTE ESTA RECETA?

Presenta una receta canónica, con retrasado de la grasa para conseguir una miga ligera y hebrada. Propone una primera masa bastante seca para que sea fácil desarrollar un buen gluten, una de las claves.

Utiliza varios trucos, como usar miel o almíbar para conseguir una miga más jugosa.

Para facilitar el amasado, sugiero empezar haciendo cantidades pequeñas.

VARIACIONES

Incorpora un fermento muy aromático, como un poolish bien maduro.

Es ideal hacer la primera fermentación en nevera y al día siguiente formar, fermentar y hornear.

Esta masa es un clásico de la bollería, el reino híbrido entre la panadería y la pastelería. Es una de las recetas con más nivel del libro (como pasa con la barra) y requiere de repetición para aprender los puntos y las texturas. Incorpora el amasado a intervalos para que sea más asequible y una cantidad contenida de huevo y mantequilla. Es una gran base sobre la que hacer variaciones, ya sea un roscón, un brioche francés hecho solo con huevos o incluso como base de bollería salada.

Método

Disuelve rápidamente el azúcar, la sal, la miel y el huevo con la leche (reserva un poco de leche, por si acaso), añade la harina y la levadura y mezcla hasta obtener una masa, que será algo seca (1). Amásala durante 5-7 min hasta que esté bastante desarrollada.

Entonces divide la mantequilla en trozos e incorpórala a la masa apretujando (2). Al principio costará, pero luego la absorbe. Si te cuesta mucho amasarla sobre la mesa, pásate al amasado de masas húmedas (3) (p. 24). La masa acabará siendo sedosa y extensible (4).

Fermenta la masa 2 h. Divídela en seis piezas iguales y boléalas con tensión. Unta con mantequilla y harina un molde rectangular de bizcocho de unos 20-22 cm. Coloca las bolas de dos en dos (5) y pincélalas con huevo batido.

Fermenta los brioches unas 2 h, hasta que lleguen casi al triple de su volumen (6). Pincélalos otra vez con huevo batido y cuécelos en el horno a 180 °C, calor arriba y abajo, durante unos 27 min.

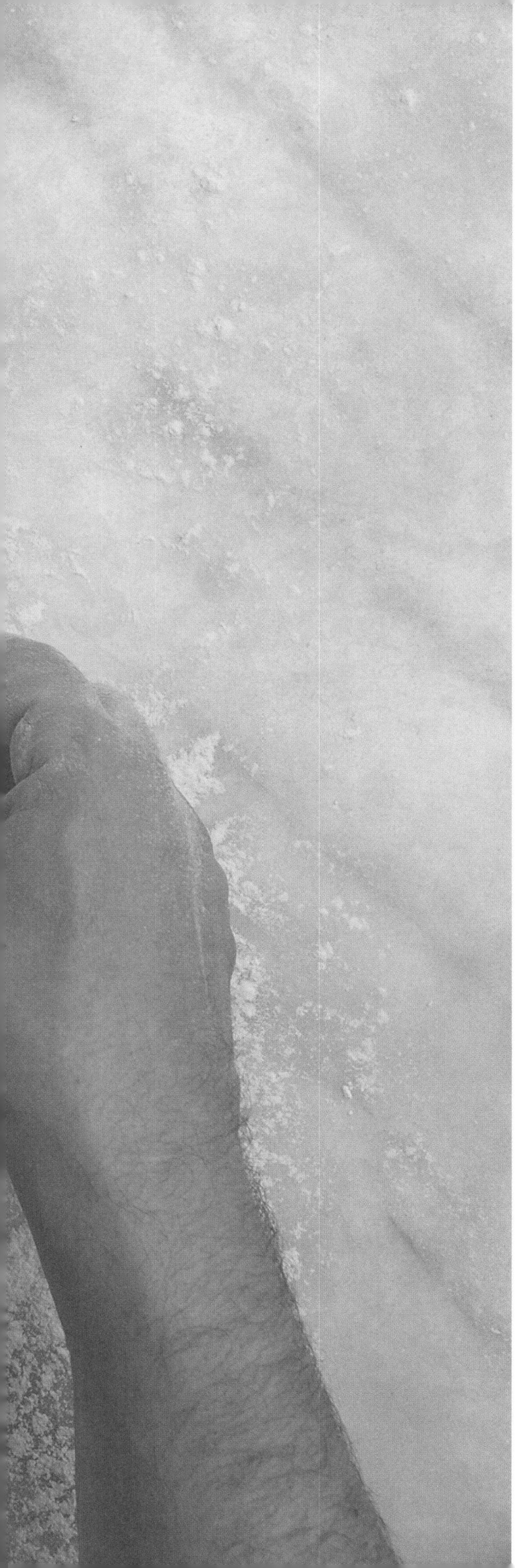

ÚLTIMA LECCIÓN: CREA TUS PROPIOS PANES

Última lección: crea tus propios panes

Hemos llegado al final. Espero que hayas aprendido mucho y te hayas divertido practicando, descubriendo sabores, aromas y texturas, la magia del pan. Si has llegado hasta aquí, seguro que se te ha pegado la masa a las manos y a la ropa, y has jurado en arameo limpiando. Sin duda se te habrán pasado de fermentación varios panes y otros se te habrán quedado cortos. Alguno te habrá salido algo tostado, otros se te habrán pegado en el horno..., y me extrañaría que no te hubieras llevado alguna quemadura. Algunos panes que iban perfectos se habrán echado a perder en el horno porque olvidaste cambiar la temperatura a mitad de cocción, y seguro que has aprendido que en invierno la masa no fermenta como en verano. A estas alturas, ya tendrás tus harinas favoritas y le habrás cogido cariño a tu rasqueta. ¿Qué me queda por enseñarte? La idea que articula este libro de recetas es que, paradójicamente, no sigas recetas, sino que pienses por ti mismo. Así que, hasta que saque el segundo volumen de este curso (que tendrá como hilo conductor la masa madre), lo que te queda es volar y hacer tus propios panes. Para eso voy a explicarte cómo entender y expresar una receta, para que puedas crearla. Hasta ahora hemos visto cómo «interpretar la música del pan», ahora llega el momento de componer tus propias recetas.

El porcentaje del panadero

El porcentaje es una herramienta extremadamente útil que permite ver y comprender el esqueleto de la receta, lo que la sustenta; es como disponer de rayos X y poder ver lo que sucede en el interior de una fórmula, lo que la hace funcionar (o no). Así se puede entender la receta, si está bien o está mal (ya que hay recetas mal formuladas o que pueden contener alguna errata o error), de un vistazo, sin necesidad de hacerla. Puedes ver cuánta agua tiene la receta y saber qué puedes esperar a la hora de manipular esa masa: ¿va a ser muy blanda y pegajosa o bien dura y seca? Con el porcentaje, puedes saber cuánta levadura tiene una masa (muchas recetas tienen demasiada, lo cual no suele ser bueno). Así puedes no solo entender recetas, sino corregirlas o crear las tuyas propias. De esta manera, las fórmulas de panadería tienen una lógica interna y no son una serie caprichosa de ingredientes y cifras.

He evitado expresarlo al comienzo del libro para que el contenido fuera más ligero y no abrumarte con cifras. La idea es sencilla: una receta de pan no se expresa en relación con el peso total de la pieza, sino con el total de la harina (o mezcla de harinas). La harina es el 100 %, y simplemente hay que pensar o calcular el porcentaje de agua, levadura, sal, grasa, etc.

Si repasas el capítulo de hidratación, verás que las masas hipohidratadas suelen rondar el 40-50 % de agua (sobre peso de harina); las intermedias, el 60-65 %; las bastante húmedas, el 70-75 %, y las hiperhidratadas, del 80 % para arriba. Esto tiene relación con la capacidad de absorber agua de la harina. Una harina floja absorbe menos agua, una fuerte absorbe más. Piensa qué estilo de pan quieres conseguir y juega con el porcentaje de agua.

La sal en nuestra cultura suele rondar el 2 % sobre el peso de harina, aunque si usas buenos fermentos y harinas sabrosas (integrales, molidas a la piedra), puedes bajar bastante el porcentaje sin notar grandes pérdidas en sabor. Puedes hacer panes exquisitos al 0,5-0,7 % de sal.

La grasa es un gran aliado de las masas. En pequeñas cantidades, hasta el 5 %, hace que el pan tenga más volumen y sea esponjoso (también le quita un poco de corteza), algo típico en el pan de molde. A partir del 10-15 % empieza a pesar, así que es buena idea retrasarla (como en el brioche), amasar primero bien para desarrollar el gluten y añadirla después.

Como hemos visto en el capítulo de fermentos, no hay límite a la cantidad de fermento que puedes usar, así que puedes jugar con ese aspecto también para perfilar tu pan. Simplemente, has de tener en cuenta la cantidad de harina y agua de tu fermento, no sea que se te olvide computarlo para la cantidad de sal o agua total de tu receta.

Para hacer una cantidad determinada de masa, piensa lo siguiente. En este ejemplo de receta típica: 100 % de harina, 65 % de agua, 1,5 % de sal y 0,2 % de levadura, el total de los ingredientes suma 166,7. Es decir, da igual la cantidad de masa que hagas, siempre tendrá 166,7 partes. Así que solo tienes que pensar la cantidad de masa que quieres, en este ejemplo 1.000 g, y dividirla por 166,7, para saber cuánto pesa cada parte. En este ejemplo 1.000 / 166,7 = 5,99. Así que para saber cuánto necesitas de cada ingrediente tienes que multiplicar 5,99 por su cifra en porcentaje: 100 % de harina = 599 g; 65 % de agua = 389 g; 1,5 % de sal = 8,9 g; y 0,2 % de levadura = 1,19 g. Si redondeas las cifras y las sumas, verás que da como resultado 1.000 g. Da igual el porcentaje de ingredientes o la cantidad de masa que quieras, la mecánica siempre es la misma de este ejemplo.

Glosario

Absorción: la cantidad de líquido que puede absorber una harina. Normalmente, las harinas integrales absorben más que las blancas, las de centeno o las de maíz, más que las de trigo y, dentro de los trigos, las de fuerza absorben más que las flojas.

Alforfón: ver *trigo sarraceno*.

Alveolatura: estructura de las burbujas de gas que se crean en la masa durante la fermentación y crecen y se asientan en la cocción. Dependerá de varios factores, como la hidratación de la masa, la fuerza de la harina o la manipulación a la que se someta a la masa.

Autolisis: periodo de reposo previo al amasado en que solo se mezclan la harina y el agua de la receta. Mejora las características plásticas de la masa y acorta el tiempo de amasado.

Biga: fermento de origen italiano, muy seco, apenas constituido por grumos que, tras fermentar de 12 a 18 h, tiene un aroma profundo y da a la miga un toque cremoso. Clásico en chapata.

Bloque (fermentación en): primera fermentación, cuando toda la masa está aún junta, antes de la división y el formado que preceden a la segunda fermentación.

Bolear: dar a la masa forma redonda trabajándola con las manos. Puede servir como paso previo a un formado final más complejo, o bien como formado sencillo para un pan de forma redonda.

Desarrollo (del gluten): mediante el amasado, o bien mediante los reposos y manipulaciones (pliegues), el gluten de la harina consigue llegar a formarse y alcanzar su capacidad máxima de retener gas, y así conseguir una masa con fuerza y un pan esponjoso. Un gluten poco desarrollado dará un pan más chato y de miga más densa.

Desarrollo (de la masa): durante la fermentación la masa crece por la gasificación creada por las levaduras; esto hace que gane volumen y también que cambien sus propiedades plásticas. Dependiendo del tipo de pan, será mejor una masa con mayor o menor desarrollo.

Duro (trigo): el trigo que da el color amarillento a la pasta. Su interior es tan duro que, aunque se muela, es difícil conseguir harina fina (como la del trigo blando, el más habitual en panadería) y se obtiene una harina basta, como una arena que puede ser de distinto grosor (ver sémola). Tiene un sabor ligeramente dulzón y mantequilloso.

Elasticidad: capacidad de la masa de volver a su estado original tras ser estirada (como una goma). Es una de las características de las que se compone la fuerza de la harina, junto a la extensibilidad, y viene determinada por el tipo de grano así como por el tipo de masa (una masa con grasa o mucha agua suele ser menos elástica).

Endospermo: una de las tres partes principales de las que se compone el grano de cereal (junto al salvado y al germen). Se trata de la mayor parte, que contiene principalmente almidón y forma la harina blanca.

Enhornar: meter una masa en el horno para cocerla. En un gran número de recetas de este libro, se requiere de una bandeja ya caliente dentro del horno antes de enhornar las piezas, para que estas reciban un golpe de calor y se desarrollen mejor en el horno.

Espelta: término polisémico que puede hacer referencia a variedades arcaicas de cereal, como la espelta menor (*Triticum monococcum*) o el *emmer* (*T. dicoccum*), aunque en la actualidad en nuestro entorno suele hacer referencia a un trigo hexaploide primo hermano del trigo común. No es un cereal mágico ni milagroso (y contiene mucho gluten).

Esponja: fermento de consistencia sólida (como una masa de pan) empleado especialmente en bollería para dar estructura, aroma y sabor.

Extensibilidad: capacidad de la masa de estirarse sin romperse (como un chicle). Es una de las características de las que se compone la fuerza de la harina, junto a la elasticidad, y viene determinada por el tipo de grano, así como por el tipo de masa (la grasa, el reposo o una gran cantidad de agua suelen dar una mayor extensibilidad a una masa).

Extracción: en molinería, la cantidad de harina que se extrae del grano completo. Una harina integral tiene una extracción del 100 %, ya que de 100 kg de grano se sacan 100 kg de harina, pero una harina blanca suele tener una extracción de aproximadamente el 71-73%, ya que se han quitado el salvado, el germen y las partes exteriores del endospermo.

Formado: momento del proceso en que el bloque de masa (que aún no tenía forma alguna) se forma (a menudo tras ser dividida en piezas más pequeñas) para darle el aspecto con el que entrará al horno.

Fermentación: función biológica que realizan las levaduras mediante la cual transforman los azúcares de la masa (principalmente, provenientes del almidón) en gas y alcohol.

Fuerza (de la harina): cualidad exclusiva de la harina de trigo que condiciona las características de la masa (elasticidad, extensibilidad).

Fuerza (de la masa): consistencia de la masa que viene determinada por la fuerza de la harina, pero también por la manipulación: un buen amasado, unos pliegues o la propia fermentación confieren fuerza a la masa.

Gluten: sustancia proteica de algunos cereales (que tiene su máxima expresión en la familia del trigo) que da a la masa de panes de trigo elasticidad y extensibilidad para conseguir volumen y esponjosidad.

Greña: apertura de un pan que se expande y se fija en el horno. Puede provenir de un corte con un cuchillo antes de meter la masa al horno o estar hecha por otros medios, como el contacto entre dos masas.

Hidratación: cantidad de líquido (el más habitual es agua) que contiene una masa.

Kamut: variedad tetraploide similar al trigo duro que, como este, da una harina «arenosa» y amarillenta y un sabor ligeramente dulzón y mantequilloso. Es una marca registrada. Al igual que pasa con la espelta, el Kamut tiene mucho gluten y tampoco es un cereal mágico ni milagroso.

Panificable (harina): harina de trigo blanca de fuerza intermedia, ni floja ni fuerte. La más empleada en panadería.

Piedra (harina molida a la): técnica de molienda que aplasta todo el cereal junto, por lo que sus tres partes se mezclan entre sí. Si se quiere hacer una harina blanca o semiintegral, hay que tamizarla posteriormente, aunque siempre quedarán partes de germen y salvado, lo que hace que estas harinas sean muy sabrosas.

Pliegue: gesto que estira y pliega la masa, ya sea para darle fuerza durante la fermentación o para sustituir o complementar el amasado.

Preformado: operación previa al formado de una pieza, que tiene por objeto preparar la masa para el formado final.

Porcentaje panadero: sistema de expresar las recetas que toma como modelo la cantidad de harina (que es el 100%) y expresa el resto de los ingredientes en proporción a ese 100%.

Poolish: fermento de textura líquida y aroma lácteo típico de la tradición francesa. Aporta extensibilidad a la masa.

Retrogradación del almidón: proceso por el cual el almidón vuelve a su estado original, lo que endurece la miga (es paralelo, pero distinto, al proceso de secado que sucede con el tiempo). Por ejemplo, un biscote es un pan seco, pero cuyo almidón no se había retrogradado antes del secado, mientras que un trozo de pan viejo es seco y su almidón está retrogradado.

Sarraceno (trigo): grano que, a pesar del nombre, no es trigo (ni siquiera está considerado un cereal) ni tiene gluten. Tiene un sabor muy intenso que, dependiendo de la variedad, hay que usar con cautela, ya que puede resultar muy fuerte.

Sémola: producto de la molienda previo a la harina. Cuando el grano empieza a romperse entre las muelas o rodillos de un molino, se obtienen sémolas (que pueden ser de distinto grosor). Si se siguen moliendo, se convierte harina.

Semolina: sémola muy fina.

W (valor): valor obtenido en una prueba de laboratorio que expresa la fuerza de la harina mediante una cifra que va de menor a mayor según más fuerza tenga la harina. Menos de W100 se considera floja; de W120 a W200, panificable; de W300 en adelante, de fuerza.

Índice de ingredientes